"ධම්මෝ හි වාසෙට්ඨා, සෙට්ඨෝ ජනේතස්මිං
දිට්ඨේ චේව ධම්මේ, අභිසම්පරායේ ච."

වාසෙට්ඨයෙනි, මෙලොවෙහි ත්, පරලොවෙහි ත්
ජනයා අතර ධර්මය ම ශ්‍රේෂ්ඨ වෙයි !

- අග්ගඤ්ඤ සූත්‍රය - භාග්‍යවත් බුදුරජාණන් වහන්සේ

නුවණ වැඩෙන බෝසත් කථා - 4
ජාතක පොත් වහන්සේ

(කුලාවක වර්ගය)

පූජ්‍ය කිරිබත්ගොඩ ඤාණානන්ද ස්වාමීන් වහන්සේ

ISBN : 978-955-687-088-6

ප්‍රථම මුද්‍රණය : ශ්‍රී බු.ව. 2560 ක් වූ ඇසළ මස පුන් පොහෝ දින

සම්පාදනය : මහමෙව්නාව භාවනා අසපුව
වඩුවාව, යටිගල්ඔළුව, පොල්ගහවෙල.
දුර : 037 2244602
info@mahamevnawa.lk | www.mahamevnawa.lk

පරිගණක අකුරු සැකසුම, පිටකවර නිර්මාණය සහ ප්‍රකාශනය :
මහාමේඝ ප්‍රකාශකයෝ
වඩුවාව, යටිගල්ඔළුව, පොල්ගහවෙල.
දුර : 037 2053300, 076 8255703
mahameghapublishers@gmail.com

මුද්‍රණය : ලීඩ්ස් ග්‍රැෆික්ස් (පුද්.) සමාගම,
අංක 356 E, පන්නිපිටිය පාර, තලවතුගොඩ.

නුවණ වැඩෙන බෝසත් කථා-4

ජාතක පොත් වහන්සේ

(කුලාවක වර්ගය)

සරල සිංහල පරිවර්තනය

පූජ්‍ය කිරිබත්ගොඩ ඤාණානන්ද
ස්වාමීන් වහන්සේ

මහාමේඝ
MAHAMEGHA
විපුල මියැදොන්නේ පෙර - චිම පෙම් පුරමිනු චිත්ත

ප්‍රකාශනයකි

පෙරවදන

ජාතක පොත් වහන්සේ ඔබ කියවලා ඇති. කුඩා අවධියේත්, පාසලේදීත්, සරසවියේත්, පන්සලේ බණ මඩුවේත්, වෙසක් නාඩගමේත් අපි ජාතක කථා රස වින්දෙමු. නමුත් එහි සැබෑ අරුත කුමක් දැයි තේරුම් ගන්නට අප සමත් වූ වගක් නම් නොපෙනේ.

'නුවණ වැඩෙන බෝසත් කථා' නමින් ඒ ජාතක කථා ඔබේම භාෂාවෙන් ඔබට කියවන්නට ලැබෙන්නේ එයින් ඉස්මතු වන අරුතත් සමඟිනි. මෙහි අරුත් දැන එම කථාවත් මතක තබා ගෙන සත්පුරුෂ ගුණධර්ම දියුණු කර ගන්නට මහන්සි ගන්නේ නම් එය ජාතක කථාවෙන් ඔබට ලැබෙන සැබෑම ප්‍රතිඵලයයි.

හැම දෙනාටම තෙරුවන් සරණයි!

මෙයට,
ගෞතම බුදු සසුන තුළ මෙත් සිතින්,
පූජ්‍ය කිරිබත්ගොඩ ඤාණානන්ද ස්වාමීන් වහන්සේ
ශ්‍රී බුද්ධ වර්ෂ 2560 ක් වූ වෙසක් මස 31 දා

මහමෙව්නාව භාවනා අසපුව
වඩුවාව, යටිගල්ඔළුව,
පොල්ගහවෙල.

පටුන

4. කුලාවක වර්ගය

1. **කුලාවක ජාතකය**
   ගුරුළු කැදැල්ල ගැන කථාව 09

2. **නච්ච ජාතකය**
   මොණරා ගේ නැටුම කථාව 23

3. **සම්මෝදමාන ජාතකය**
   සමගියෙන් සතුටුව සිටීම ගැන කථාව 28

4. **මච්ඡ ජාතකය**
   රාගයෙන් මත් වූ මාළුවා ගැන කථාව 33

5. **වට්ටක ජාතකය**
   බෝසත් වටුකුරුළු පැටියා ගැන කථාව 38

6. **සකුණ ජාතකය**
   බෝසත් කුරුල්ලා කථාව 43

7. **තිත්තිර ජාතකය**
   බෝසත් තිත්වටුවා ගේ කථාව 47

8. **බක ජාතකය**
   කපටි කොකා ගේ කථාව 53

9. **නන්ද ජාතකය**
   නන්ද දාසයා ගේ කථාව 61

10. **ඛදිරංගාර ජාතකය**
    මාරයා මැවූ කිහිරි ගිණිඅඟුරු ගැන කථාව 66

නමෝ තස්ස භගවතෝ අරහතෝ සම්මාසම්බුද්ධස්ස
ඒ භාග්‍යවත් අර්හත් සම්මා සම්බුදුරජාණන් වහන්සේට නමස්කාර වේවා!

01. කුලාවක ජාතකය

ගුරුළු කැදැල්ල ගැන කථාව

පින්වතුනේ, පින්වත් දරුවනේ,

අප භාග්‍යවතුන් වහන්සේ විසින් උතුම් බුදුසසුන පිහිටුවා වදාළේ සියලු සත්වයන් කෙරෙහි ම පතළ මහා කරුණාවෙන් ම යි. ඒ නිසා භික්ෂූන් වහන්සේලාට පැන් වළඳින විට ඒ පැන් පෙරා ගැනීම පිණිස පෙරහන්කඩක් භාවිතා කරන්ට කියා නියමයකුත් පණවා වදාළා. අපි දැන් කියන්ට යන්නේ එයට අදාළ කතාවක්.

ඒ දවස්වල අප ගේ භාග්‍යවතුන් වහන්සේ සැවැත් නුවර ජේතවනයේ වැඩ සිටියේ. එක්තරා යහළු භික්ෂූන් දෙනමක් සැවැත් නුවරින් පිටත් වෙලා වෙනත් ජනපදයකට ගියා. එහි පහසු ස්ථානයක සුවසේ වාසය කළා. 'අපි භාග්‍යවතුන් වහන්සේව බැහැ දකින්ට යමු' කියලා ඒ දෙනම සැවැත් නුවර බලා පිටත් වුනා. එක නමක ගේ අතේ පෙරහන්කඩක් තිබුනා. අනිත් නම ළඟ නෑ. ඒ නිසා දෙනම පැන් වළඳද්දි ඒ පෙරහන්කඩෙන් පැන් පෙරාගෙන වැළඳුවා. එක දවසක් අතරමගදී ඒ දෙනම

අතර වාදයක් හටගත්තා. ඒ නිසා දෙනමගේ කතාබහ නැවතුනා. එතකොට පෙරහන්කඩය තියෙන නම තනියම පැන් පෙරාගෙන වැළඳුවා. අනිත් නමට පැන් පෙරාගන්ට පිළිවෙළක් පෙනුනේ ම නෑ. පිපාසය ඉවසා ගන්ට බැරිකම නිසා ම පෙරහන්කඩයකින් නොපෙරාම පැන් වළඳින්ට ඒ නමට සිදු වුනා. ඉතින් මේ දෙනම පිළිවෙළින් ජේතවනයට ඇවිත් භාග්‍යවතුන් වහන්සේට වන්දනා කළා. භාග්‍යවතුන් වහන්සේ ඔවුන් ගේ සැපදුක් අසා වදාළා.

"මහණෙනි, කොහේ ඉඳන් ද ආවේ...?"

"ස්වාමීනී.... අපි කොසොල් ජනපදයේ එක්තරා ගමක වාසය කළා. එතැනින් නික්මිලා භාග්‍යවතුන් වහන්සේව බැහැදකින්ට ම යි අපි ආවේ"

"ඉතින්... දෙන්නා සමගි සම්පන්නවද ගමන ආවේ...?"

"අනේ ස්වාමීනී.... අතරමගදී මේ භික්ෂුව මාත් සමග වාදයකට පැටලුනා. ඊටපස්සේ මට පැන් වළඳින්ට පෙරහන්කඩේ දුන්නේ නෑ"

"ස්වාමීනී.... මේ භික්ෂුව ළඟ පෙරහන්කඩයක් නෑ. දැන දැනම කුඩා සතුන් ඉන්න පැන් වැළඳුවා"

"හැබෑ ද භික්ෂුව, දැන දැන කුඩා සතුන් ඉන්න පැන් වැළඳුවා ද?"

"එහෙමයි ස්වාමීනී, පෙරහන්කඩයක් නැති නිසා මට නොපෙරූ පැන් වළඳින්ට සිද්ධ වුනා"

"භික්ෂුව.... ඉස්සර හිටිය නුවණැත්තෝ දිව්‍ය නගරයේ රාජ්‍ය කරද්දී යුද්ධයෙන් පැරදිලා මුහුද මතින්

පලායද්දි ඉසුරුබව නිසා සතුන්ට විනාශයක් වෙන්ට දෙන්ට බෑ කියලා මහත් යස ඉසුරු අත්හැරලා ගුරුළු පැටවුන්ට අභය දානය දීලා රථය ආපස්සට හැරෙව්වා නොවැ”

එතකොට භික්ෂූන් වහන්සේලා ඒ අපූරු විස්තරය කියාදෙන්ට කියා භාග්‍යවතුන් වහන්සේ ගෙන් ඉල්ලා සිටියා. භාග්‍යවතුන් වහන්සේ මේ ජාතකය වදාළා.

පින්වත් මහණෙනි, ගොඩාක් ඉස්සර කාලේ මගධ රටේ රජගහ නුවර මගධ නමින් රජෙක් රාජ්‍ය කළා. මේ කාලෙ ශක්‍ර පදවිය හොබවන සක්දෙව් රජු පෙර ආත්මෙ මගධ රටේ මචල ගමේ නොවැ උපන්නේ. අන්න ඒ විදිහට ම බෝධිසත්වයෝ ඒ මචල ගමේ මහා වැදගත් පවුලක පුත්‍රයෙකුව උපන්නා. නම් තබන දවසේ ඔහුට ‘මඝ කුමාරයා’ යන ලැබුනා. ඔහු තරුණ වුනාට පස්සෙ ‘මඝ මානවක’ නමින් ප්‍රසිද්ධ වුනා. ඔහුගේ මව්පියෝ සමාන ජාතියක පවුලකින් දැරියක් ආවාහ කරවා දුන්නා. මේ මඝ මානවක දූ දරුවන් ද හදාගෙන දන්පැන් දීගෙන හොඳින් වාසය කළා. නිති පන්සිල් රැක්කා. ඒ ගමට තිබුනේ පවුල් තිහයි.

දවසක් ඒ පවුල් තිහේ ම මිනිස්සු ගම මැදට ඇවිත් ගමේ වැඩ කරමින් සිටියා. බෝධිසත්වයෝ තමන් සිටි තැන රමණීය ආකාරයෙන් පිළියෙළ කරලා එතැන සිටගෙන සිටියා. එතකොට වෙන කෙනෙක් ඇවිත් එතැන සිට ගත්තා. බෝධිසත්වයෝ එය ඔහුට ම දීලා වෙන තැනකට ගියා. ගිහින් එතැන හොඳින් පිරිසිදු කරලා සිටගත්තා. එතැනටත් තව කෙනෙක් ඇවිත් සිටගත්තා. බෝධිසත්වයෝ ඒක ඔහුට දුන්නා. ඔය විදිහට බෝධිසත්වයෝ ලස්සනට හදන හදන

තැනට එක එක්කෙනා ආ නිසා ඒවා ඔක්කොම දුන්නා. බෝධිසත්වයෝ මෑත කාලයේ එතැන ලස්සන මණ්ඩපයක් කළා. පස්සේ මණ්ඩපය ඉවත් කරලා සාලාවක් කළා. එහි වාඩිවෙන්ට ලෑලි වලින් ආසන තැනුවා. පැන් තලියක් තිබ්බා. කල් යද්දී පවුල් තිහේම මිනිස්සු බෝධිසත්වයන් ගේ අදහසට ම එකතු වුනා. එතකොට බෝධිසත්වයෝ ඒ සියලු දෙනාම පන්සිල් වල හික්මෙන්ට සැලැස්සුවා. හැමෝ ම එකතු වෙලා පින් කරන්ට පටන් ගත්තා.

ඒ හැමෝ ම පාන්දරින් අවදි වුනා. බෝධිසත්වයන් සමග එකතු වෙලා වෑ, පොරෝ, කුළුගෙඩි ආදිය අරගෙන මහා මාර්ගයේ බාධා පිණිස තියෙන ගල් උදුරා ඉවත් කළා. කරත්ත වල රෝද වදින්න පුළුවන් ගස් ඉවත් කළා. වලගොඩැලි සම කළා. සමහර තැන්වලට පාලම් සැදුවා. පොකුණු හැදුවා. සාලා හැදුවා. දන් දුන්නා. සිල් රැක්කා. ඔය විදිහට ගමේ හැමෝ ම බෝධිසත්වයන් සමග එක්සත්ව එක්සිත්ව කටයුතු කළා.

ඒ ගමෙන් අය බදු ගන්නා ගම්මුලාදෑනියාට මෙය ප්‍රශ්නයක් වුනා. ඔහු මෙහෙම හිතුවා. "මේක හරි වැඩක් නොවැ.... ඉස්සර මේ ගමේ එවුන් සුරාපානයට ඇබ්බැහි වෙලා සිටියා. සතුන් දඩයමේ ගියා. ඔවුන්ට දුන් දඬුවම් හැටියට මට හැළිවලං ලැබුනා. කහවණු ලැබුනා. වෙනත් තෑගි ලැබුනා. මස කියලා එකෙක් ඇවිත් මෙවුන්ට සිල් රක්කවන්ට ඕනෑ කියලා දඩයමක් කරගන්ට දෙන්නෙත් නෑ. හොඳයි මං ඕකුන්ට පන්සිල් රක්කවන්නම්" කියලා හොඳටෝ ම කිපුනා. රජ්ජුරුවෝ බැහැදැක ඔවුන්ට විරුද්ධව නොයෙක් දේ කිව්වා. "දේවයන් වහන්ස.... මහා විනාශයක් වෙලා තියෙන්නේ. මචල ගමේ හොරු රංචුවක් බිහි වෙලා මොකෝවත් කරගන්ට විදිහක් නෑ.

ගම් වනසනවා. පෞරාණික චාරිත්‍ර ධර්ම වනසනවා. මස කියලා එකෙක් මේ විපැත්තියට මුල් වෙලා තියෙන්නේ"

රජ්ජුරුවෝ ගම්මුලාදෑණියා ගේ වචනය විශ්වාස කළා. 'ඔවුන්ව කුදලාගෙන වරෙව්' කියලා අණ කළා. එතකොට ගම්මුලාදෑණියා ම මුල් වෙලා සියලු දෙනාව ම මාංචු දාලා එක්කගෙන ආවා.

"දේවයන් වහන්ස.... මේන් ඉන්නවා.... රට වනසන හොරු ටික"

"හා... එහෙමද.... එහෙනම් මේකුන්ව ඇත් රජා ලවා පාගවා මරන්ට ඕනෑ" කියලා අණ කළා.

සියලු දෙනාව ම රජමිදුලට අරගෙන ගිහින් බිම වැතිරෙව්වා. බෝධිසත්වයෝ තම පිරිසට අවවාද කළා. " එක්කෙනෙක් වත් නපුරු සිතක් ඇතිකරගන්ට එපා. තමන් මෙතෙක් කල් ආරක්ෂා කළ සිල්පද ගැන හොඳින් සිතට ගන්ට ඕනෑ. ඒ වගේ ම අපට විරුද්ධව බොරු කේළාම් කියපු ගම්මුලාදෑණියා ගැනත්, රජ්ජුරුවෝ ගැනත්, අපිව පාගන්ට එන ඇතා ගැනත්, තමන්ගේ සරීරය ගැනත් එක සමාන මෛත්‍රියක් ඇතිකරගන්ට ඕනෑ" ඒ පිරිසත් අවවාදය අකුරට පිළිපැද්දා.

ඔවුන්ව පාගවන්ට ඇතාව ගෙන්නුවා විතරයි. ඌ ළඟටවත් ආවේ නෑ. මරලතෝනි හඬ දීගෙන පලා ගියා. තව තව ඇත්තු ගෙනාවත් ඔවුනුත් හඬතල දීගෙන පැනලා දිව්වා. රජ්ජුරුවෝ මෙහෙම කිව්වා.

"ඕකුන්ගේ අතේ බලගතු ඖෂධයක් ඇති. ගිහින් බලාපියව්" එතකොට සේවකයෝ සියල්ලන් ගේ ම අත් පරීක්ෂා කළා.

"නෑ... දේවයන් වහන්ස, මේකුන් ගේ අත්වල මොකවත් නෑ"

"එහෙනම් මෙවුන් බලගතු මන්තරයක් මතුරනවා ඇති. අහලා බලපල්ලා" එතකොට රාජපුරුෂයෝ 'තොපි මන්තර මතුරනවා නේද?' කියලා ඇහැව්වා. බෝධිසත්වයෝ 'එසේය පින්වත, අපි ළඟ මන්තර තියෙනවා' කියලා කිව්වා. එතකොට රජ්ජුරුවෝ ඒ හැමෝම කැඳවාගෙන එන්ට කියලා අණ කළා. 'හරි... දැන් කියපල්ලා... තොපි මැතිරුවේ මොකක්ද?'

බෝධිසත්වයෝ පිළිතුරු දුන්නා. "දේවයන් වහන්ස, අපි ළඟ විශේෂ මන්තරයක් නෑ. අපි මේ තිස් දෙනාම සතුන් මරන්නේ නෑ. සොරකම් කරන්නෙත් නෑ. වැරදි කාමයේ හැසිරෙන්නෙත් නෑ. බොරු කියන්නෙත් නෑ. සුරාපානය කරන්නෙත් නෑ. අපි කරන්නේ මෛත්‍රී භාවනා කිරීම, දාන දීම, මං මාවත් ලස්සනට පිළියෙල කිරීම, පැන් පොකුණු තැනීම, සාලාවන් තැනීම ආදියයි. අපට ඇති මන්තරයත්, අපේ ආරක්ෂාවත්, අපේ දියුණුවත් ඒක තමයි"

"ඕ හෝ.... එතකොට තමුසෙලාව හොරු හැටියට දක්වලා මරවන්ට හැදූ මේ මුලාදෑණියාව තියන්ට වටින්නේ නෑ නොවැ" කියලා මුලාදෑණියාගේ සියලු දේපල මචල ගමට ම පවරලා ඔහුව ඔවුන්ගේ දාසයෙකු කරවා දුන්නා. ඔවුන්ව මරවන්ට ගෙනා ඇතාත් ඒ මචල ගමත් බදු වලින් නිදහස් කරලා ඔවුන්ගේ භුක්තියට ම දුන්නා.

එදා පටන් ඔවුන්ට කැමති පරිද්දෙන් පින් කරන්ට ලැබුනා. බාස් උන්නැහේලා කැඳවලා සතරමං හංදියේ මහා සාලාවක් කරවන්ට පටන් ගත්තා. කාන්තාවන්ට මේ

වැඩ ගැන එතරම් ඕනෑකමක් නැති නිසා කාන්තාවන්ට එහි කොටස් දුන්නේ නෑ.

ඒ කාලේ මඝ මානවකයාගේ ගෙදර සුධර්මා, චිත්‍රා, නන්දා, සුජාතා කියලා බිරින්දෑවරු සතර දෙනෙක් ඉන්නවා. ඔවුන් ගෙන් 'සුධර්මා' බාසුන්නැහේ එක්ක හොර රහසේ ම කථාබස් කළා. "අයියණ්ඩි, ඔය ශාලාවේ මට ප්‍රධානත්වයක් ලැබෙන්ට ඕනෑ. ඒ නිසා කැණිමඬල කාටවත් නොදී මට දෙන්ට" කියලා ඔහුට අල්ලස් දුන්නා. ඔහුත් හොඳයි කියලා මුලින් ම කැණිමඬලට ගන්න රුක කප්පවා, වේලවා, කැණිමඬල හදලා වස්ත්‍රයකින් ඔතා තැබුවා. නිශ්ශබ්දව සාලාව හදාගෙන ගියා. වහලය සඳන්ට කැණිමඬලක අවශ්‍යතාව ආවා. බාසුන්නැහේ මෙහෙම කිව්වා.

"අහෝ.... පින්වත්නි.... එකක් අමතක වුනා නොවැ" "ඒ මොකක්ද?"

"ඇයි දැන් කැණිමඬලක් ඕනෑ නොවෙද?" "ඔව් ඉතින් අපි අරගෙන එමු" "දැන් කපන ගස්වලින් කැණිමඬල හදන්ට බෑ. කලින් ගහ කපලා, වියලවලා, සැහැලා තබලයි කැණිමඬලට ගන්නේ" "එහෙනම් අපි දැන් මොකද කරන්නේ?" "කොහේ හරි ගෙදරක කැණිමඬලක් සදා තියෙන තැනකින් සොයා ගම්මු"

ඉතින් ඔවුන් කැණිමඬලක් සොයද්දි සුධර්මා ගේ ගෙදර එය තිබුනා. නමුත් ඈ එය මිලට දුන්නේ නෑ. 'ඉදින් සාලාවට මාව කොටස්කාරියක් කරගන්නවා නම් විතරක් දෙන්නම්' කිව්වා. 'හප්පේ.... අපි කලින් ම තීරණේකට ආවා නොවැ මේ වැඩේට කාන්තාවන් හවුල් කරගන්නේ නෑ කියලා'

එතකොට බාසුන්නැහේ මෙහෙම කිව්වා. 'අනේ පින්වත්නි, බ්‍රහ්ම ලෝකේ හැර කාන්තාවන් නැත්තේ වෙන කොහිද? ඔය කැණිමඬල ගම්මු. අපට ඕනෑ මේ පටන් ගත්තු වැඩේ ඉවර කරගන්ට නොවැ'

එතකොට ඔවුන් කැණිමඬල සවිකොට සාලාවේ කටයුතු අවසන් කළා. ආසන තැබුවා. පැන්තාලි තැබුවා. කැඳ බත් තැබුවා. සාලාව වටේට ප්‍රාකාරයක් තැනුවා. ඇතුලු වෙන්ට දොරක් සවි කළා. ඇතුළු මළුවේ වැලි ඇතිරුවා. පිට මළුවේ තල් ගස් පෙළක් සිටෙව්වා.

චිත්‍රාත් ඒ ස්ථානයේ අලංකාර උයනක් සැකසුවා. මල් ගෙඩි වලින් යුක්ත ඒ උයනේ අසවල් ගෙඩි නෑ කියලා කියන්ට බැරිතරම්.

නන්දාත් එතැනට අලංකාර පොකුණක් සකස් කළා. ඒ පොකුණේ පාට පසකින් යුක්ත පියුම් සැදුවා. එය ඉතාම ලස්සන රමණීය පොකුණක් වුනා.

සුජාතා මොකවත් ම කළේ නෑ. බෝධිසත්වයෝ මව්පියන්ට උපස්ථාන කිරිම, පවුලේ වැඩිහිටි ගුරුවරාදීන්ට උවටැන් කිරීම, සත්‍ය වචන කීම, මියුරු වචන කීම, සමගිය ඇති කරන වචන කීම, මසුරුකම දුරුකොට සිටීම, ක්‍රෝධ නොකිරීම යන මේ ව්‍රත පද සතම සම්පූර්ණ කරගත්තා.

ඔය විදිහට නුවණැත්තන්ගේ ප්‍රශංසාවට බඳුන් වන ජීවිතයක් ගෙවලා මරණින් මතු තව්තිසා භවනේ ශක්‍ර දේවේන්ද්‍ර පදවියේ උපන්නා. මඝ මාණවකගේ යහළුවන් සියලු දෙනාත් එහිම උපන්නා. ඒ කාලයේ තව්තිසා භවනේ අසුරයොත් වාසය කළා. සක්දෙවිඳු මොවුන් හා එකතු වී කරන රාජ්‍ය මොකක්ද කියලා අසුරයන්ට

දිව්‍යපානයන් බොන්ට සැලැස්සුවා. ඔවුන් හොඳ හැටියට මත්වුනාට පස්සේ පා වලින් අල්ලාගෙන සිනේරු පර්වත ප්‍රපාතයට අතහැරියා. එතකොට ඔවුන් අසුර භවනට ම පැමිණියා. අසුර ලෝකය තියෙන්නේ සිනේරු පර්වතේ යට තලයේ. ප්‍රමාණයෙන් තව්තිසා දෙව්ලොව තරම්. තව්තිසාවේ පරසතු රුක තියෙනවා වගේ අසුර ලෝකයේත් චිත්තපාටලී නමින් කල්පයක් පුරා පවතින රුකක් තියෙනවා. අසුරයන්ට සිහිය එද්දි චිත්තපාටලී රුකේ මල් පිපී තියෙනවා දැක්කා. 'හෑ... මේ අපි හිටපු දිව්‍ය ලෝකය නොවෙයිද? අපි හිටපු දෙව්ලොව තිබුනේ පරසතුමල් නොවැ... ඕ හෝ.... එහෙනම් මේ පර ශක්‍රයා තමයි අපට ඇති පදමට බොන්ට දීලා මත් කරවා මුහුද පිටට හෙලා අපේ දිව්‍ය නගරය ගත්තේ"

අසුරයන් මෙහෙම කතාවුනා. "අපි ශක්‍රයා සමග සටනට යමු. අපේ දේව නගරය ආපසු ගම්මු" කියලා කුහුඹි රැලක් කණුවකට නගිනවා වගේ සිනේරු පර්වතේ වටේ ඇවිදිමින් සිටගත්තා. එතකොට සක්දෙවිඳු අසුරයන් නැගිටලා නොවැ කියලා මුහුද මතින් ම යුද්ධයට ගිහින් ඒ යුද්ධයේ දී පැරදුනා. යොදුන් එකසිය පණසක පමණ දිගින් යුතු වෛජයන්ත රථයෙන් දකුණු මුහුද මතු මතුයෙන් පලායන්ට පටන් ගත්තා. මුහුද මතින් රථය වේගයෙන් යද්දි හිඹුල් වනයට ඇතුල් වෙලා යද්දි හිඹුල් වනයේ ගස් තල් වනයක් වගේ කැඩි කැඩි මුහුදට වැටෙන්ට පටන් ගත්තා. මුහුදට වැටෙන ගුරුළු පැටව් මහ හඬින් කෑගැසුවා. එතකොට සක් දෙවිඳු මාතලී ඇමතුවා.

"සගය මාතලී, මොකක්ද ඒ ශබ්දය? මහත් ඝෝෂාවකින් හඬ නගනවා වගෙයි"

"දේවයන් වහන්ස, නුඹවහන්සේ ගේ රථයේ වේගයෙන් හිඹුල් වනය ඇදවැටෙද්දි මුහුදට වැටෙන ගුරුළු පැටව් මරණ භයින් විලාප දෙන හඬයි ඒ ඇසෙන්නේ"

එතකොට බෝසත් සක්දෙවිඳු මාතලීට මෙහෙම කිව්වා. "සගය මාතලී, අපි නිසා මේ සත්තු විපතට පත්වෙන්ට එපා. අපි ඉසුරු සම්පත් රැකගන්ට සතුන් මරන්නේ නෑ. මේ සත්තුන්ව බේරා ගැනීම වෙනුවෙන් අපි අසුරයන්ට ජීවිතය දෙමු. ඔය රථය දැන් නවත්වන්ට" කියලා මේ ගාථාව පැවසුවා.

හිඹුල්වනේ මාතලී ගුරුළු පැටව් ඉන්නවා
රථයේ මුව වැදී ඔවුන් නැසීයාම වළක්වන්ට
රථය මගින් බැහැර කරව
අසුරයන්ට අපේ දිවි පුද දෙන්නෙමු
ගුරුළු පැටවුනට විපතක් නොවේවා...!"

සක් දෙවිඳුගේ වචනය ඇසූ මාතලී රථය නැවැත්තුවා. වෙනත් මගකින් යන්ට රථය දෙව්ලොව පැත්තට හැරෙව්වා. රථය නවතාලූ විට අසුරයෝ මෙහෙම හිතුවා. 'ඒකාන්තයෙන් ම අනිත් සක්වල වලින් ශක්‍රයෝ එනවා වගෙයි. බලය ලබාගෙන අපට බැටදෙන්ට යි රථය හැරෙව්වේ' කියලා බියට පත්වුනා. අසුර භවනට ම පලා ගියා. සක්දෙවිඳුන් දේවනගරයට පිවිසුනා. චාතුම්මහාරාජික, තාවතිංස යන දිව්‍ය ලෝකවල දෙව් පිරිස පිරිවරාගෙන නගරය මැද සිටගත්තා. එසැණින් ම පොළව බිඳී යොදුන් දහසක් උසැති වෛජයන්ත ප්‍රාසාදය උඩට මතුවුනා. සක්දෙවිඳුට ජය ලැබීමෙන් උඩට නැගුන ප්‍රාසාදය නිසා එයට 'වෛජයන්ත ප්‍රාසාදය' කියන නම ඇති වුනා. එතකොට බෝසත් සක් දෙවිඳු අසුරයන්ට තව්තිසාවට එන්ට බැරිවෙන්ට පස් තැනක රැකවල් තැබුවා.

දේව නගරයත් අසුර නගරයත් අතර යුද්ධයක් ඇතිවීම වළක්වන්ට කරුණු සම්පාදනය කළ නිසා ඒ නගර දෙකට 'යුද්ධ නොකරනා පුරයෝ' යන අර්ථයෙන් 'අයුද්ධපුරයෝ' යන නම ලැබුනා. යම් කලක අසුරයෝ බලවත් වෙනවාද, එතකොට දෙවිවරු පලා ගිහින් දේව නගරයට පිවිසිලා දොරටුව වසාගත් විට අසුරයන් ලක්ෂයක් ආවත් මොකෝවත් කරන්ට බැහැ. යම් කලෙක දෙවිවරු බලවත් වෙනවාද, එතකොට අසුරයෝ අසුර නගරයට දුවගෙන ඇවිත් දොරටු වසාගත්තාට පස්සේ ශක්‍රයන් ලක්ෂයක් ආවත් මොකවත් කරන්ට බැහැ. ඒ නිසයි මේ නගර වලට 'අයුද්ධපුරයෝ' කියන නම ලැබුවේ. මේ නගර දෙක අතරේ බෝසත් සක් දෙවිඳු විසින් නාගාදීන්ගෙන් පස් තැනක රැකවල් තැබුවා.

නාගයන් ගේ බලය තියෙන්නේ ජලයේ. ඒ නිසා සිනේරු පර්වතේ පළමු ආලින්දයේ නාගයන් ගෙන් රැකවල් දාලා තියෙන්නේ. සිනේරු පර්වතේ දෙවන ආලින්දයේ රැකවල් දම්මලා තියෙන්නේ ගුරුළන් ගෙන්. කුම්භාණ්ඩ නමින් භයානක රකුසෝ ජාතියක් ඉන්නවා. සිනේරු පර්වතේ තුන්වෙනි ආලින්දයේ රැකවල් දම්මලා තියෙන්නේ කුම්භාණ්ඩයන්ගෙන්. ඊළඟට ඉන්නේ යක්ෂයෝ. ඔවුන් යුද්ධ කරන්ට ලෑස්ති පිට ඉන්නේ. සතරවන ආලින්දයට රැකවල් දම්මලා තියෙන්නේ යක්ෂයින් ගෙන්. සිනේරු පර්වතේ පස්වෙනි මහල රැකවල් දම්මලා තියෙන්නේ සතරවරම් මහරජවරුන් ගෙන්. ඒ නිසා යම්හෙයකින් අසුරයන් කිපිලා කැළඹුණු සිතින් යුක්ත වෙලා දේව නගරයට යන්ට පිටත් වුනත් පංචවිධ රැකවල් වලින් වටවෙලා තියෙන එතැනට යන්ට ලේසි නෑ. පළමු අවස්ථාවේ ම නාගයෝ ඔවුන්ව බැහැර කරනවා.

ඉතින් මේ විදිහට පස් තැනක රැකවල් දම්මලා ශක්‍ර දේවේන්ද්‍රයෝ දිව්‍ය සම්පත් අනුභව කරද්දි සුධර්මා මිනිස් ලොවින් චුතවෙලා සක්දෙවිඳුගේ බිරිඳ වෙලා උපන්නා. කැණිමඬල දුන්නු පිනෙන් පන්සිය යොදුනක් දිගැති සුධර්මා නමැති දෙව්මිණි සභාව පහළ වුනා. ඒ ශාලාවේ දිව්‍ය සේසත යට යොදුනක ප්‍රමාණයේ රන් අසුනේ වාඩි වී සිටින සක්දෙවිඳු දෙව්මිනිසුන්ගේ සියලු කටයුතු සොයා බලනවා. චිත්‍රාත් මනුලොවින් චුතවෙලා සක්දෙවිඳු ගේ ම බිරිඳ වෙලා තව්තිසාවේ උපන්නා. ඈ උද්‍යානය කළ පිනෙන් 'චිත්‍රලතා' නමැති ඉතාම සිත්කලු උද්‍යානය පහළ වුනා.

නන්දාත් මනුලොවින් චුත වෙලා සක්දෙවිඳුගේ බිරිඳක් වෙලා තව්තිසාවේ උපන්නා. පොකුණක් කරවූ පිනෙන් නන්දා නමැති පස්පියුම් සැදි රමණීය පොකුණ පහළ වුනා.

සුජාතා කිසිම පිනක් කරගත්තේ නෑ. ඈ මිය ගිහින් වනාන්තරේ දිය ඇල්ලක් ළඟ කෙකිණියක් වෙලා උපන්නා. සක්දෙවිඳු මෙහෙම විමසා බැලුවා. "සුජාතා දෙව්ලොව පෙනෙන්ට නෑ. ඈ උපන්නේ කොහේද?' කියලා බලද්දී ඈ සිටිය තැන පෙනුනා. එතකොට සක්දෙවිඳු කෙකිණිය දෙව්ලොව රැගෙන ආවා. රමණීය දේව නගරය, සුධර්මා දිව්‍ය සභාව, චිත්‍රලතා වනය, නන්දා පොකුණ පෙන්නුවා. 'බලන්ට. මේ අය පින් කරගත්තු නිසා මගේ බිරින්දලා වෙලා මෙහේ උපන්නා. නමුත් ඔබ කුසල් නොකොට තිරිසන් යෝනියේ උපන්නා. මෙතැන් පටන් සිල් රකින්ට ඕනෑ' කියලා අවවාද කළා. ආයෙමත් එතනට ම ගිහින් දැම්මා. දැන් ඈ සිල් රකිනවා. කීප දිනකින් ඈ සිල් රකිනවාද කියා සොයා බලන්ට සක්දෙවිඳු කල්පනා

කළා. මාළුවෙකුගේ වේශයෙන් වතුරේ උඩ පාවෙවී කෙකිණිය ඉදිරියට ආවා. ඈ සිතුවේ මැරුණු මාළුවෙක් කියලා. ඉතින් ඈ ඒ මාළුවාගේ හිසින් අල්ලා ගත්තා. එතකොට මාළුවා වලිගය සෙලෙව්වා. එතකොට සතාට පණ තියෙනවා කියලා සිතා ඌව අත්හැරියා. එතකොට සක්දෙවිඳු 'බොහොම හොඳයි. බොහොම හොඳයි. ඔබට සිල් රකින්ට පුළුවනි' කියලා එතැනින් ගියා.

ඈ ඒ තිරිසන් ලෝකයෙන් චුත වුනා. බරණැස වළං හදන්නෙකුගේ ගෙදර උපන්නා. සක්දෙවිඳු බැලුවා ඈ කොහේද උපන්නේ කියලා. ඈ එහි උපන් බව දැනගත්තා. මහල්ලෙකුගේ වෙස් අරගෙන වාහනයේ රන් කැකිරි පුරවා ගත්තා. 'කැකිරි ගන්නවා ද.... කැකිරි ගන්නවා ද.... 'කියලා කෑගසාගෙන ගියා. එතකොට මිනිස්සු ඇවිත් 'පියාණෙනි, අපටත් කැකිරි දෙන්ට' කියලා ඉල්ලුවා.

"මං සිල් රකින අයටයි දෙන්නේ. ඔබලා සිල් රකින අයද?"

"අනේ අපි සිල් ගැන නම් දන්නේ නෑ. සල්ලි වලට දෙන්න" කිව්වා.

"නෑ.... මේවා මං මුදලට දෙන්නේ නෑ. සිල් රකින කෙනෙකුට විතරයි දෙන්නේ" කියලා මහල්ලා කියා සිටියා.

එතකොට මිනිස්සු 'මේ මොන මෝඩයෙක් ද!' කියලා යන්ට ගියා.

සුජාතාටත් මේ කැකිරි සීයා ගැන දැනගන්ට ලැබුනා. මට ගෙනාපුවා වෙන්ට ඇති කියලා ඈට සිතුනා. 'සීයේ, මට එහෙනම් කැකිරි දෙන්ට' 'දුවේ ඔයා සිල්

රකිනවාද?' 'එහෙමයි, මං සිල් රකින කෙනෙක්' 'ඔයාට තමයි අපි මේවා ගෙනාවේ' කියලා කැකිරි කරත්තේ ගේ දොරකඩ තියලා සීයා යන්ට ගියා. ඈ ඒ මිනිස් ලොවින් පින් කොට වේපචිත්ති අසුරේන්ද්‍රයාගේ දියණිය වෙලා උපන්නා. සිල් රැකපු නිසා ඈ ගොඩාක් ලස්සන වුනා. ඈ තරුණ වියට පා තැබුවාට පස්සේ ඇගේ සිත් ගන්නා සැමියෙකු ගන්ට කියලා අසුරයන්ගේ රැස්වීමක් කැඳෙව්වා. එතකොට සක් දෙවිඳු ඈ උපන්නේ කොහිද කියලා බැලුවා. එතකොට ඈ වෙනුවෙන් ස්වයංවර මංගල්‍යයක් අසුර නගරයේ සූදානම් කර තිබෙන බව දැක්කා. සක්දෙවිඳු අසුර වර්ණයක් මවාගෙන ඒ උත්සවයට සහභාගී වුනා. ඈ මල් මාලය අතට අරන් තමන්ට ගැලපෙන ස්වාමියා සොය සොයා ගියා. එක්වරම අසුරවෙස් ගත් සක්දෙවිඳු දකින්ට ලැබුනා. පෙර ආත්මයේ බැඳුනු සෙනෙහෙ නිසා මේ මගේ සැමියා කියා තෝරා ගත්තා. එතකොට සක්දෙවිඳු ඈව දේව නගරයට රැගෙන ආවා. තුන්දහස් පන්සියයක් වූ නාටක ස්ත්‍රීන් අතර ඈට ජ්‍යෙෂ්ඨ තනතුර ලැබුනා. ඔවුන් දිව්‍ය ලෝකයේ සුවසේ වාසය කොට කර්මානුරූපව එතැනින් චුත වුනා.

මෙසේ වදාළ අපගේ භාග්‍යවතුන් වහන්සේ අර භික්ෂුවට තරයේ අවවාද කළා. සක්දෙවිඳු වැනි කෙනෙක් පවා තමන් ගේ ජීවිතය ගැන පවා නොතකා සතුන් මැරීමෙන් වැළකුන බව පෙන්නා දුන්නා. එදා මාතලී වෙලා සිටියේ ආනන්දයන් වහන්සේ බවත්, සක්දෙවිඳු වෙලා සිටියේ අපගේ භාග්‍යවතුන් වහන්සේ බවත් වදාළා.

02. නච්ච ජාතකය

මොණරා ගේ නැටුම ගැන කථාව

පින්වතුනේ, පින්වත් දරුවනේ,

සංසාර පුරුදු ඉස්මතු වෙන්නේ කොයි අවස්ථාවේද කියලා අපට කියන්ට බෑ. කව්රුවත් බලාපොරොත්තු නැති වෙලාවක කෙනෙකු ගේ සසර පුරුදු ඉස්මතු වෙන්ට පුළුවනි. මෙයත් එබඳු කථාවක්.

සැවැත්නුවර ජේතවනයේ අපගේ භාග්‍යවතුන් වහන්සේ වැඩ ඉන්න දවස්වල බොහෝ සිවුරු පිරිකර රැස්කළ භික්ෂුවක් සිටියා. තමන්ගේ අවශ්‍යතාවයට වඩා සිවුරු රාශියක් එකතු කරගෙන සිටීම හොඳ නැති නිසා භික්ෂූන් වහන්සේලා කරුණු කිව්වා. නමුත් මේ බහුභාණ්ඩික භික්ෂුව ඒ කාගෙවත් කීම ඇහුවේ නෑ. එතකොට භික්ෂූන් වහන්සේලා මේ කරුණ භාග්‍යවතුන් වහන්සේට සැළකළා. භාග්‍යවතුන් වහන්සේ ඒ භික්ෂුව කැඳෙව්වා.

"හැබෑද භික්ෂුව, බොහෝ සිවුරු පිරිකර රැස් කරගෙන බහුභාණ්ඩිකව ඉන්නවා කියන්නේ?"

"එහෙමයි ස්වාමීනී"

"තමන්ගේ අවශ්‍යතාවයට වඩා බොහෝ සිවුරු පිරිකර රැස්කරන්ට හේතුව මොකක්ද?"

එච්චරයි අහන්ට ලැබුනේ. ඒ මහලු භික්ෂුවට හොඳටම කේන්ති ගියා.

"හහ්... එහෙනම්.... මට මෙහෙමද ඉන්ට කියන්නේ?" කියලා සිවුරත් අඳනෙත් භාග්‍යවතුන් වහන්සේ ඉස්සරහම කඩලා දැම්මා. නිරුවත්ව සිටගත්තා. එතන වාඩි වී සිටි සැදැහැවත් ජනතාව චී චී කියලා අත්වලින් මුහුණ වසාගත්තා. ඔහු නිරුවතින් ම වේගයෙන් පිටත් වෙලා ගියා. ගිහි බවට පත්වුනා. උතුම් බුදු සසුනක පැවිදි බව ලැබුවත් තමන්ගේ මාන්නය නිසා කරගත් විපත ගැන දම්සභා මණ්ඩපයේදී භික්ෂූන් කතාබස් කරමින් සිටියා.

"හප්පේ ඇවැත්නි... හරි පුදුමයි නොවැ. කිසිම ලැජ්ජාවක් භයක් නැති හැටි. භාග්‍යවතුන් වහන්සේ ඉදිරියේ ම තමන්ගේ අඳන සිවුරු උනා දැම්මා නොවැ. එතැන සිව්වණක් පිරිස සිටියා කියලා කිසිම වගක් නෑ..... හප්පේ.... අපේ ඇඟ හිරිවැටිලා ගියා. මිනිස්සුන්ට මෙහෙමත් කරන්ට පුළුවන් නොවැ"

එතකොට භාග්‍යවතුන් වහන්සේ එතැනට වැඩම කොට "පින්වත් මහණෙනි, ඔබ කුමක් ගැනද කතා කරමින් සිටියේ?" කියලා අසා වදාළා.

"අනේ ස්වාමීනී භාග්‍යවතුන් වහන්ස, අර සිවුරු කඩා දාලා නිරුවතින් ම මෙහෙන් ගිහින් ආයෙමත් ගිහි ජීවිතයට බැසගත්තු කෙනා ගැනයි අපි කතා කරමින් සිටියේ"

"මහණෙනි, ඒ භික්ෂුවට තිබුනේ සසර පුරුද්දක්. මේ ආත්මේ විතරක් වැරදුන දෙයක් නොවේ. ඔය විදිහට ම කරන්ට ගිහින් පෙර ආත්මෙත් බොහෝ ගැරහුම් ලැබුවා"

එතකොට භික්ෂූන් වහන්සේලා ඒ අතීත විස්තරය කියාදෙන්ට කියා භාග්‍යවතුන් වහන්සේ ගෙන් ඉල්ලා සිටියා. භාග්‍යවතුන් වහන්සේ මේ ජාතකය වදාළා.

"පින්වත් මහණෙනි, ගොඩාක් ඈත අතීතේ මුල්ම කල්පයේ සිව්පාවෝ සිංහයාව තමන් ගේ රජා බවට පත් කරගත්තා. මත්ස්‍යයෝ ආනන්ද මත්ස්‍යයාව තමන්ගේ රජා බවට පත් කරගත්තා. කුරුල්ලෝ ස්වර්ණ හංසයාව තමන්ගේ රජා බවට පත් කරගත්තා.

ඒ ස්වර්ණහංසරාජයාට ඉතාම ලස්සන රූපශෝභා ඇති දියණියක වන හංස පැටවියක් සිටියා. හංසරාජයා සිය දියණියට වරයක් දුන්නා. ඒ නිසා ඇයට තමා කැමති ස්වාමියෙකු තෝරාගන්ට අවස්ථාව ලැබුනා. තමන්ගේ දියණියගේ ස්වයංවර මංගල්‍යයට සියලු පක්ෂීන්ට ආරාධනා ලැබුනා. හංසයෝ, මොණරු ආදී නානාප්‍රකාර පක්ෂීන් ඇවිත් එක්තරා මහා ගල්තලාවකට රැස්වුනා.

"දියණියේ.... ඕන්න සියලු පක්ෂීන් ඇවිත් ඉන්නවා. දැන් ඔයා කැමති ඕනෑම කෙනෙකුව තම සැමියා ලෙස තෝරාගන්ට අවස්ථාව තියෙනවා.

ඉතින් ඈ ගල්තලාවේ එහාට මෙහාට ලස්සනට ඇවිද ඇවිද පැමිණ සිටින කුරුල්ලන්ගේ හැඩවැඩ බැලුවා. එතකොට නිල් මැණික් වගේ දිලිසෙන බෙල්ලක් ඇති ඉතාම දිගු සුන්දර පිල්කළඹක් ඇති මොණරෙකු දකින්ට ලැබුනා. ඇය ගිහින් හංසරාජයාට මෙහෙම කිව්වා.

"පියාණෙනි.... අර... අර... ලස්සන මොණරාට මං කැමතියි" කියලා. හංසරාජයා එයට සතුටු වුනා. එතකොට පක්ෂිසමූහයා මොණරාව වටකරගත්තා.

"සගය.... හරිම අපූරුයි.... හංසරාජදියණිය මෙපමණ පක්ෂීන් සමූහයක් අතරින් තමන් ආසාම කරන ස්වාමියා හැටියට ඔබව තෝරා ගත්තා නොවැ. මෙන්න අපෙන් සුභ පැතුම්...!"

එතකොට මොණරා මහත් ආඩම්බරයට පත්වුනා. 'මුන්දැලා තාම මගේ හැබෑ හැඩරුව දැක්කේ නෑ' කියලා පිරිස මැද්දේ පිල් කළඹ විදහාගත්තා. කැරකි කැරකී නටන්ට පටන් ගත්තා. එතකොට මොණරාගේ පස්ස පැත්ත හැමෝටම ම පේන්ට පටන් ගත්තා. මෙය දැකපු ස්වර්ණ හංසරාජයා මහත් ලැජ්ජාවට පත්වුනා.

"චී.... මේකාට තමන්ගේ සඟවා ගත යුතු තැන් පෙන්නන්ට කිසිම ලැජ්ජාවක් නෑ. බාහිර ජනයා මොකක් හිතාවිද කියලා කිසිම භයකුත් නෑ. මේකට කව්ද හිරතල දෙන්නේ.... මේකාට දෙන්ට මෙහේ කෙල්ලෝ නෑ...." කියලා පක්ෂි සමූහයා මැද්දේ මේ ගාථාව කිව්වා.

නාද කිරීමෙන් මියුරු තමයි
පිට පෙනුමත් පැහැයෙන් යුක්තයි
විදුරු මිණක් බඳු දිලෙන ගෙලයි
බඹයක් පමණැති පිල් කළඹයි
කිසි ලැජ්ජාවක් නැතිව නටයි
තොපට දෙන්ට මෙහි දුවක නැතේ...."

එතකොට සියලු පක්ෂීන් මොණරාට අපහාස කරන්ට පටන් ගත්තා. උසුළු විසුළු කරන්ට පටන් ගත්තා. මොණරා ඉක්මණින් ම පිල් කළඹ හකුලා ගත්තා. ඈතට ඉගිල ගියා. හංසරාජයා ඒ පිරිස මැද සිටි තමන්ගේ නැගණියගේ පුත්‍රයෙකු වන හංසයෙකුට සිය දියණිය දුන්නා.

මහණෙනි.... දැන් පමණක් නොවෙයි. පෙර ආත්මෙත් තමන්ට ලැබෙන්න තිබුන දේ අහිමි වුනා. මේ ආත්මේ උතුම් බුදු සසුන ම අහිමි වුනා. එදා මොණරා වෙලා සිටියේ බහුභාණ්ඩිකව සිටි භික්ෂුවයි. හංසරාජයා වෙලා සිටියේ මම යි" කියා මේ ජාතකය වදාළා.

03. සම්මෝදමාන ජාතකය

සමගියෙන් සතුටුව සිටීම ගැන කථාව

පින්වතුනේ, පින්වත් දරුවනේ,

යම් සමාජයක් අතර දියුණුවක් දකින්ට ලැබෙන්නේ ඔවුන් තුළ සමගිය තියෙනකල් විතරයි. යම් හෙයකින් ඔවුන් වාද විවාද වල හෝ වෙනත් කරුණුවල හෝ පැටලිලා අසමගි වුනොත් එදා සිට ඔවුන්ගේ දියුණුව නැතිවෙනවා. ඔවුන්ගේ සතුරන්ට ඔවුන්ව ඉතා පහසුවෙන් විනාශ කරන්ටත් පුළුවනි. දැන් ඔබට කියවන්ට ලැබෙන්නේ එබඳු කතාවක්.

ඒ දිනවල අපගේ භාග්‍යවතුන් වහන්සේ කිඹුල්වත් නුවර නිග්‍රෝධාරාමයේ වැඩ වාසය කළේ. ඒ කාලයේ ශාක්‍යයන් හා කෝලියයන් අතර කෝලාහලයක් හටගත්තා. එදා භාග්‍යවතුන් වහන්සේ සිය ඤාතීන් අමතා මෙසේ වදාළා.

"පින්වත් මහරජවරුනේ, ඔබ එකිනෙකා කලකෝලාහල කරගැනීම කිසිසේත් ම සුදුසු නෑ. ඉස්සර තිරිසන්ගත සත්වයන් පවා සමගියෙන් සිටිය කාලේ සතුරු බලවේග මැඩගෙන වාසය කළා. නමුත් ඔවුන් අසමගි වෙලා වාද විවාද කරගන්ට පටන් ගත්තාට පස්සේ මහා ව්‍යසනයන්ට පත්වුනා.

එතකොට භාග්‍යවතුන් වහන්සේගේ ඥාති රජවරු ඒ අතීත කතාව කියා දෙන්ට කියලා භාග්‍යවතුන් වහන්සේගෙන් ඉල්ලා සිටියා. භාග්‍යවතුන් වහන්සේ මේ ජාතකය වදාළා.

මහරජවරුනි, ගොඩාක් ඉස්සර කාලෙක බරණැස් පුරේ බ්‍රහ්මදත්ත නමින් රජ්ජුරු කෙනෙක් වාසය කළා. ඒ කාලේ මහාබෝධිසත්වයෝ වටු යෝනියෝ ඉපිද සිටියා. මොහු වැඩුණු වටු කුරුල්ලෙක් වුනාට පස්සේ දහස් ගණන් වටු කුරුල්ලන් පිරිවරාගෙන වනාන්තරේ වාසය කළා. ඔය කාලේ ඒ පළාතේ වටුකුරුළු වැද්දෙක් සිටියා. ඔහු වටුකුරුල්ලන් වාසය කරන ප්‍රදේශයට ගිහින් වටුකුරුළු හඬින් කෑ ගහනවා. එතකොට ඒ ශබ්දය අසා වටුකුරුල්ලෝ එතැනට රැස්වෙනවා. වැද්දා ඒ රැස්වූ කුරුල්ලන් මතට ලොකු දැලක් එලනවා. දැන් උන්ට ඉගිලෙන්ට බෑ. වැද්දා ඒ වටුකුරුල්ලන් ඔක්කෝම එක ගොඩට එකතු කරගෙන මල්ලක පුරවාගෙන ගෙදර ගෙනියනවා. ඔවුන්ව විකුණා ජීවත් වෙනවා.

දවසක් බෝධිසත්වයෝ සියලු වටුකුරුල්ලන් කැඳෙව්වා.

"වටුකුරුල්ලනේ.... දැන් බලාපන්.... වැද්දා ඇවිත් අපේ කුරුල්ලන් විනාශ කරනවා. ඒ වැද්දාට අපිව අල්ලාගන්ට බැරිවෙන්ට මං උපායක් දන්නවා. අද ඉඳලා අපි ඔක්කොම එකට එකතු වෙලා කටයුතු කරන්ට ඕනෑ. වැද්දා ඇවිත් අපි මත්තේ දැල දමාවි. එතකොට අපි එක එක්කෙනා දැල් සිදුරට අපේ හිස තබලා දැල ඔසොවාගෙන ඉගිලෙන්ට ඕනෑ. ඊටපස්සේ අපි කැමති තාක් දුර ගිහින් කටු ලැහැබකට පාත්වෙන්ට ඕනෑ. ඊටපස්සේ අපිට යටින් යටින් ඉගිලී යන්ට බැරියැ"

"හා... හා... බොහොම අගෙයි" කියලා හැම වටුකුරුල්ලා ම සතුටු වුනා.

පසුවදා වටුකුරුල්ලන් රැස් වූ වෙලාවේ ඔවුන්ට ඉහළින් වැද්දා දැල විසි කළා. බෝසත් වටු කුරුල්ලාගේ උපදෙස් නිසා එදා ඔවුන් කෑ ගැසුවේ නෑ. කලබල වුනේ නෑ. හිස සිදුරු මත තබාගෙන දැල ඔසොවාගෙන ඉගිල ගියා. කටු ලැහැබකට පාත්වුනා. යටින් යටින් රිංගා පලාග යා. කටු ලැහැබේ පැටලුනු දැල බේරාගන්ට වැද්දාට සෑහෙන වේලාවක් ගත කරන්ට සිද්ධ වුනා. දිගින් දිගට ම වටුකුරුල්ලන් ඒ විදිහට කටයුතු කරන්ට පටන් ගත් නිසා දවස් ගාණක් වැද්දාට හිස් අතින් ම ගෙදර යන්ට සිද්ධ වුනා.

තම සැමියා හිස් අතින් ගෙදර එන නිසා වැදි බිරිඳ මහත් සේ කෝපවුනා. "යසයි.... දැන් දවස් ගාණක් තිස්සේ රෑ බෝවෙලා දැලත් ඇන්න හිස් අතින් එනවා. පහුවෙනිදාට මහලොකුවට දැලත් අරන් යනවා. තමුසෙට මක් වෙලා ද...? එක වටුකුරුල්ලෙක් නෑ.... වෙනත් රස්සාවක් ගැන හිතුවොත් තමුසෙට නරක ද?"

"මේ.... යෝදියේ.... මට වෙන රස්සාවල් බැරි බව උඹහැ දන්නවනේ. දැන් හරි වැඩක් වෙලා නොවැ. කැලේ කුරුල්ලන්ටත් ගිය කලක්. එවුන් සමගි වෙලා. මං දැල දාපු ගමන් වෙනදා වගේ කෑගැසීමක් නෑ. හැමෝම දැලත් උස්සන් ඉගිල්ලෙනවා. මට තාම හිතා ගන්ට බෑ මොකක්ද මේ වුනේ කියලා. ඊටපස්සේ උන් කටුලැහැබකට පාත්වෙනවා. අස්සෙන් අස්සෙන් රිංගා ඉගිලෙනවා. හැබැයි මං එකක් දන්නවා. ඕකුන්ගෙ සමගිය වැඩිකල් තියෙන්නේ නෑ. එදාට බලාපන්.... මං

කුරුල්ලන් පුරෝපු මල්ල උස්සාගෙන එද්දි උඹ හිනැහි හිනැහි බලා සිටීවි" කියලා වැද්දා සිය බිරිඳට මේ ගාථාව කිව්වා.

"කුරුල්ලො දැල අරන් ඉගිලුනේ
සමගිව සතුටින් සිටිය නිසයි
අසමගිව උන් වාද කළ විට
එදාට මගෙ වාරයයි ඉතින්"

"මහරජවරුනි, වටුකුරුල්ලන්ට සමගියෙන් කටයුතු කරන්ට පුළුවන් වුනේ ටික දවසයි. එක් වටුකුරුල්ලෙක් ගොදුරු සොයන්ට පහළට බසිද්දි බැරිවීමකින් තව වටුකුරුල්ලෙකු ගේ හිස මත වැහැව්වා. ඒ ගැන ඒ වටු කුරුල්ලා ගොඩාක් කේන්ති ගත්තා. "තෝ... මොකොද මගේ හිසට පහර දුන්නේ?" "අනේ... මට වැරදීමකින් එහෙම වුනේ. ඒකට ඔය හැටි කේන්ති ගන්ට දෙයක් තියෙනවාද?" "කේන්ති.... තෝ දන්නවද මං කව්ද කියලා.... හා බලමුකෝ අපි නැතිව දැල උස්සන්නේ කව්ද කියලා" මේ විදිහට කලකෝලාහලය වැඩිලා ගියා. එකිනෙකා මහහඬින් වාද කරගත්තා. බැණගත්තා.

එතකොට බෝසත් වටුකුරුල්ලා මෙහෙම හිතුවා. "මේ වැඩේ හරියන්නේ නෑ. මෙයාලා මේ රණ්ඩුව දිගටම අරගෙන යන හැඩයි. දැන් ම ම දැල උස්සන්නෙ නෑ කියලා කියවනවා. මෙහෙම ගියොත් අපි හැමෝම මහත් විනාශයකට පත්වෙනවා. වැද්දාට අපිව අල්ලගන්ට අවස්ථාවක් ලැබෙනවා ම යි. දැන් අපි මෙතන ඉන්න එක හරි භයානකයි" කියලා තමන්ගේ පිරිසත් අරගෙන වෙනත් වනාන්තරයකට ඉගිල ගියා.

කලින් වගේ ම වැද්දා ඇවිත් වටුකුරුල්ලන්ට උඩින් දැල වීසි කළා. ඒ දැල අස්සෙත් වටුකුරුල්ලෝ රණ්ඩු කළා. 'හා... හා... මෙහෙන් දැල උස්සන්ට එපා. මගේ හිස මත නුඹේ ලොම් වැටෙනවා. තව ටිකක් අයින් වෙලා උස්සාපන්.... තව කුරුල්ලෙක් මෙහෙම කිව්වා. 'මේ... මේ පැත්තෙන් උස්සන්ට එන්ට එපා. මගේ පියාපත්වල වදිනවා... ආන්න එහෙම ටිකක් එහාට ගොහින් උස්සාපන්... උඹෙන් මට හරි කරදරයි... මං උස්සන්නේ නෑ... නුඹ ඕනෑ නම් උස්සාගනින්.... නෑ... මං මොකටෙයි දැලක් උස්සන්නේ. ඇයි මං විතරද මේක උස්සන්ට ඕනෑ. ඇයි නුඹ... නිකම්ම බේරෙන්ටද?' මේ විදිහට රණ්ඩු කරමින් ඉන්න අතරේ වැද්දාගේ දැලට හැමෝම කොටුවෙන්ට පටන් ගත්තා. එදා කාටවත් බේරෙන්ට ලැබුනේ නෑ. හැමෝම අහුවුනා. වැද්දා වටු කුරුල්ලන්ගෙන් මල්ල පුරවාගෙන වැදි බිරිඳ හිනස්සවමින් ගෙදර ආවා.

බලන්ට මහරජවරුනි, තමන්ගේ පිරිස් අතරේ කලකෝලාහල ඇතිවීම සුදුසු ම නෑ. ඒකෙන් තමන්ගේ පිරිස ම යි විනාශයට පත්වෙන්නේ. එදා කෝලාහලය දිගින් දිගට ම ගෙනිහින් අමාරුවේ වැටුනේ නුවණ නැති වටුකුරුල්ලෙක් නිසා. ඒ වටුකුරුල්ලා වෙලා සිටියේ දේවදත්ත. නුවණැති වටුකුරුල්ලා වෙලා සිටියේ මං නොවැ" කියලා භාග්‍යවතුන් වහන්සේ මේ ජාතකය වදාළා.

04. මච්ඡ ජාතකය

රාගයෙන් මත් වූ මාළුවා ගැන කථාව

පින්වතුනේ, පින්වත් දරුවනේ,

කෙලෙස් නිසා තමයි සියලුම සත්වයෝ දුකට වැටී සිටින්නේ. ඒ කෙලෙස් අතර රාගය යනු භයානකම කිලුටක්. රාගයෙන් සිතක් කිළිටි වී ගිය විට ඔහුට හොඳ නරක, යහපත අයහපත මොකොවත් හඳුනාගන්ට බැරිව යනවා. ඒ ගැන කියවෙන කථාවකුයි දැන් කියවන්ට ලැබෙන්නේ.

ඒ දිනවල අපගේ භාග්‍යවතුන් වහන්සේ වැඩ සිටියේ සැවැත් නුවර ජේතවනයේ. සැවැත් නුවර ම සැදැහැවත් ගෘහපතියෙකුට පැවිදි වෙන්ට ආසා හිතුනා. තම බිරිඳගෙන් ඉතාමත් අමාරුවෙන් අවසර ගෙන ඔහු පැවිදි වුනා. මොහු පිණ්ඩපාතේ වැඩිය වෙලාවට දානෙ පාත්තරෙත් අරගෙන වරින් වර සිය පැරණි බිරිඳගේ ගෙදර යනවා. එතකොට ඈ මිහිරි රසට මොකාක්හරි ව්‍යඤ්ජනයක් හදලා දානෙ දෙනවා. බිරිඳ මෙහෙම කල්පනා කළා.

"මේ මොන විකාරයක් ද...? මට දැන් මිනිහෙකුත් නෑ. මමත් අමාරුවෙන් ජීවත් වෙන්නේ. ඒ මදිවට දානෙත් හදාපන්කෝ...." කියලා ඈ පසුවදා දානෙ හැදුවේ නෑ. අසනීපෙන් වගේ හිටියා.

අර භික්ෂුව දානෙ පාත්තරෙත් අරන් ගෙදර වැඩියා. බිරිඳ කෙඳිරි ගගා අඬන්ට පටන් ගත්තා.

"අනේ.... මට... හරි අමාරුයි... අයියෝ.... මට දැන් වෙන මිනිහෙක් එක්ක යන්ට හිතිලයි තියෙන්නේ. එතකොට මට ඒ මිනිහාට රසට උයාදෙන්ට පුළුවනි. ආදරෙන් උපස්ථාන කරන්ට පුළුවනි. මිහිරි කවි කියන්ටත් පුළුවනි... දැන් මේ මොකක්ද... දානෙ හද හදා දීපන්කෝ...."

එතකොට භික්ෂුව ගේ සිත එක්වරම වෙනස් වුනා. 'හපොයි... හපොයි... හරි වැඩේ නොවැ වෙන්ට යන්නේ. මෙයා වෙන මිනිහෙක් එක්ක ගියොත්... ඉඳල හිටල කටට රහට කන්ට තියෙන එකත් නැති වෙනවා" සිතලා මෙහෙම කිව්වා.

"නෑ... නෑ... ඔහොම දුක් ගන්ට කාරි නෑ. මට ඔයාගේ දුක තේරෙනවා. වෙන මිනිස්සු මොකොටද? මං ඉන්නේ.... හොඳා.... එහෙනම් මං ගිහින් ආචාර්යයන් වහන්සේට සිව්රු පිරිකර භාර දීලා එන්නම්.... ඔයා සිත හදාගෙන සතුටින් ඉන්ටකෝ...." කියලා ඉක්මණින් ම ආචාර්යයන් වහන්සේ බැහැදැක තමන් සිව්රු අරින්ට තීරණය කළ බව කියා හිටියා. එතකොට මහතෙරුන්නාන්සේ මේ භික්ෂුව කැඳවාගෙන භාග්‍යවතුන් වහන්සේ බැහැදකින්ට ගියා. භාග්‍යවතුන් වහන්සේ ඒ භික්ෂුවගෙන් කරුණු විමසා වදාළා.

"හැබෑද භික්ෂුව... සිවුරු හරින්ට හිතුවද?" "එහෙමයි භාග්‍යවතුන් වහන්ස, ධර්මය මෙනෙහි කරගන්ට අමාරුයි" "ඒ මොකෝ.... හිතට වද දෙන කාරණය මොකක්ද?" "අනේ ස්වාමීනී... අපේ ගෙදර උන්දෑ ටිකක්

අසනීප ගතියෙන් වාගේ. ඈ තමයි මට කටට රහට උයලා දුන්නේ... ඈව අත්හරින්ට අමාරුයි"

"භික්ෂුව.... ඔය ස්ත්‍රිය ඔබට යහපත සලසන එකියක් නොවෙයි. පෙර ආත්මෙත් ඔය ස්ත්‍රිය නිසා ම ඔබ මරණයට පත්වෙන්ට ගියා. මම යි ඔබව එදා බේරගත්තේ"

එතකොට භික්ෂූන් වහන්සේලාට ඒ අතීත විස්තරය දැනගන්ට කැමැත්ත ඇතිවුනා. එය කියා දෙන ලෙස භාග්‍යවතුන් වහන්සේගෙන් ඉල්ලා සිටියා. භාග්‍යවතුන් වහන්සේ මේ ජාතකය වදාළා.

"පින්වත් මහණෙනි, ගොඩාක් ඈත කාලෙක බරණැස් පුරේ බ්‍රහ්මදත්ත නමින් රජ්ජුරු කෙනෙක් වාසය කළා. ඒ කාලේ බෝධිසත්වයෝ ඒ රජ්ජුරුවන්ගේ පුරෝහිත බ්‍රාහ්මණයා වෙලා හිටියේ.

දවසක් මාළු අල්ලන මිනිස්සු ගංගා නදියේ දැලක් එලුවා. ඒ වෙද්දි විශාල මාළුවෙක් මාළුච්චියක් සමග ප්‍රේමයෙන් වෙලී රාගයෙන් මත් වී ජලයේ සෙල්ලම් කරමින් දැල පැත්තට පීනා ආවා. ඉස්සර වෙලා වතුරේ නට නටා ගියේ මාළුච්චියයි. මාළුවා ඈ පස්සෙන් නට නටා ආවා. ඇයට දැලක් අටවා ඇති වග තේරුනා. ඈ දැලට වටෙන් වටෙන් ගියා. රාගයෙන් මත් වෙලා සිටිය මාළුවා එක්වරම දැල ඇතුළට පිහිනා ගියා. ලොකු මාළුවෙක් දැලට රිංගූ බව දැනගත් මාළු අල්ලන්නෝ වහා දැල ඉස්සුවා. විශාල මාළුවෙක්. ඌව නොමරා වැල්ල මතුපිට දැම්මා.

"හනික ගිනි ගොඩක් ගසාපන්... ලොකු උලකුත් ශුද්ධ කරපන්... මේකා උලේ ගසා පුළුස්සා ගෙන කමු"

කියලා ගිනි අඟුරු සූදානම් කරන්ට පටන් ගත්තා. නමුත් මාළුවා තාමත් ඉන්නේ මාළුච්චි ගැන සිත සිතා. මාළුවාට මතක් වෙන්නේ ඈව ම යි. ඈ වෙන මාළුවෙක් එක්ක විනෝද වේවි කියලා මහා ඉරිසියාවක් හටගත්තා. මහ හඬින් හඬ හඬා මේ ගාථාව කිව්වා.

"අයියෝ මට සීතල හෝ රස්නේ හෝ
මොක තිබුණත් කමක් නැතේ
දැලේ වෙලී පැටලී ගොස්
මැරී ගියත් කමක් නැතේ
මගේ එකී මාව දමා
වෙනත් එකෙක් එක්ක ගියොත්
අයියෝ මං එය උහුලා ඉන්නෙ කොහොමදෝ..."

කියමින් හඬ හඬා සිටියා. ඒ වෙලාවේ බෝධිසත්වයෝ දාස පිරිසත් සමග ගං තෙරට නාන්ට ඇවිත් සිටියා. බෝධිසත්වයෝ සියුම් ශබ්දයන්ගේ පවා අර්ථ දැනගන්නට දක්ෂව සිටියා. අසාමාන්‍ය වේදනාවකින් කවුදෝ වැලපෙන හඬක් බෝසතුන්ට ඇසුනා. හොඳට ඇහුම්කන් දුන්නා. අනේ... ඒ කෑගසන්නේ මාළුවෙක්. වැල්ලේ වැතිරී මරණයට කැපවී සිටින මාළුවෙක්. අනේ මේ මාළුවා රාගයෙන් මුළා වී ගිය සිතින් මැරුණොත් නිරයේ උපදින්නේ කියලා ඒ මාළුවා ගැන මහා අනුකම්පාවක් හටගත්තා.

බෝධිසත්වයෝ හනික මාළු අල්ලන මිනිස්සු ළඟට ගියා. 'එම්බා මිනිසුනි, ඔබලා මට එක දවසකටවත් ව්‍යංජනේකට ගන්ට මාළුවෙක් දෙන්නේ නැද්ද?'

"අනේ ස්වාමී.... මොනවද මේ කියන්නේ.... තමුන්නාන්සේට නොදෙන මාළුවෝ ඉන්නවාද... මෙතැනින් කැමති මාළුවෙක් ගන්න"

"එහෙනම්... මට වෙන මාළු නැතුවට කමක් නෑ.... ආන්න අර මාළුවා ඕනෑ"

"හා... හා... ඒකට මක් වෙනවද. අපි පුළුස්සා ගන්ටයි සූදානම් වුනේ.... නමුත් කමක් නෑ. උඹව ගන්ට"

එතකොට බෝධිසත්වයෝ ඉක්මණින් ම ඒ මාළුවාව දෝතට ගත්තා. ගඟට බැස්සා. "අනේ මාළුවෝ.... ඕන්න මං නිසා අද නුඹ යාන්තම් බේරුනා. දැන්වත් ඔයතරම් කෙලෙස් වල පැටලෙන්ට එපා" කියලා ගඟට බැස්සුවා. මාළුවා වරල් ගසාගෙන මහා සතුටින් පීනාගෙන ගියා.

මහණෙනි, එදා මාළුච්චි ම යි මෙදාත් මේ භික්ෂුව ගිහි කාලේ ආවාහ කරගෙන හිටියේ. මහා මාළුවා වෙලා හිටියේ මේ භික්ෂුව. පුරෝහිත බ්‍රාහ්මණයා වෙලා හිටියේ මම යි කියා මේ ජාතකය වදාළා. මේ දේශනාව ඇසූ ඒ භික්ෂුව සසර ගැන මහත් කළකිරීමට පත්වුනා. භාග්‍යවතුන් වහන්සේ චතුරාර්ය සත්‍යය ධර්මය වදාළා. ඒ භික්ෂුව සෝවාන් ඵලයට පත්වුනා.

05. වට්ටක ජාතකය
බෝසත් වටුකුරුළු පැටියා ගැන කථාව

පින්වතුනේ, පින්වත් දරුවනේ,

සත්‍යක්‍රියාව කියන්නේ මහා බලසම්පන්න දෙයක්. අපගේ භාග්‍යවතුන් වහන්සේ බෝසත් අවදියේ කළ සත්‍යක්‍රියාවක් ගැනයි මේ කථාවේ සඳහන් වෙන්නේ. එය වුනේ මෙහෙමයි.

ඒ දිනවල භාග්‍යවතුන් වහන්සේ මහත් භික්ෂු පිරිසක් සමග මගධ රටේ චාරිකාවේ වඩිමින් සිටියා. එදා මගධයේ එක්තරා ගමකදී පිඬුසිඟා වැඩියා. සවස් වරුවේ භික්ෂූන් වහන්සේලා සමග ආයෙමත් චාරිකාවේ පිටත් වුනා. ක්‍රමයෙන් වනාන්තර ප්‍රදේශයට පැමිණියා. ඒ අවස්ථාවේ කැලේ ඈත ලැව්ගින්නක් හටගෙන තියෙන බව පෙනුනා. වැඩිදුරක් වඩින්ට ලැබුනේ නෑ. ඉදිරියේත් ලැව්ගින්න. පිටිපස්සෙනුත් වනාන්තරේ ගිනි ගන්නවා. මුළු ප්‍රදේශය ම දුමෙන් වැහිලා ගියා. දෙපැත්තේ ම ගිනි ජාලාවක් පේන්ට ගත්තා. එතැන සිටිය පෘථග්ජන භික්ෂූන් මරණ භයින් තැතිගත්තා.

"අනේ.... අපි මේ පැත්තේ ගින්නක් අවුලමු. එතකොට ලැව්ගින්නට විරුද්ධව මෙහෙනුත් ගින්නක් යන නිසා ඒක මේ පැත්තට එන එකක් නෑ" කියලා ගිනි ගාණා දඬු අරගෙන ගිනි උපදවන්ට මහන්සි ගත්තා.

එතැන සිටිය ඇතැම් භික්ෂූන් වහන්සේලා මෙහෙම කිව්වා. "අනේ... ඇවැත්නි... මේ මොනාද කරන්නේ? ගගන තලය මැද පිහිටි සඳ මඬල පේනවා. පෙරදිගින් නැගුනු දහසක් රැස් වළල්ලෙන් සුසැදි හිරු මඬල ක්ෂිතිජයේ පේනවා. මහාසමුද්‍රය සිනේරු පරුවතේ ඇසුරින් සිටියත් ඒ සිනේරු පර්වතේ පේන්නේ නෑ වගේ දෙවියන් සහිත ලෝකයේ අග්‍ර පුද්ගලයන් වහන්සේ අපත් සමග වඩිනා බව අමතක වුනාද? ලැව් ගින්නට විරුද්ධ ගින්නක් උපදවන්ට මහන්සි ගන්නේ ඇයි? සම්බුදු බලය දන්නේ නැද්ද...? හා... හා... ඕවා නවත්වා යමු යමු භාග්‍යවතුන් වහන්සේ ළඟට"

එතකොට භාග්‍යවතුන් වහන්සේ මහත් භික්ෂු සංඝයා පිරිවරාගෙන එක්තරා ප්‍රදේශයකට වැඩම කළා. වටෙන්ම මහා ලැව් ගින්න යටකරගෙන යන්ට වගේ ආවා. ඇවිත් භාග්‍යවතුන් වහන්සේ වැඩ සිටි ප්‍රදේශය හාත්පස සොළොස් කිරියක ප්‍රමාණයක භූමිය වතුරේ ඔබපු ගිනි පෙනෙල්ලක් වගේ සම්පූර්ණයෙන් ම නිවිලා ගියා. ඊට අවටින් කිරිය තිස් දෙකක වගේ භූමි ප්‍රමාණයකට ලැව් ගින්න ළං වුනේ නෑ. එතකොට භික්ෂූන් වහන්සේලා භාග්‍යවතුන් වහන්සේගේ ආශ්චර්යය ගැන කතාබස් කරන්ට පටන් ගත්තා.

"හරිම අද්භූතයි නේද ඇවැත්නි.... ඒකාන්තයෙන් ම බුදුගුණ නම් මහා අද්භූතයි. සිතින් සිතාගන්ට බැරි දෙයක්. මේ සිත් පිත් නැති ලැව් ගින්න මහා වනාන්තරේ ම ගිනි තියාගෙන බුර බුරා නැගෙන ගිනි දැලින් ඇවිත් භාග්‍යවතුන් වහන්සේ වැඩ සිටි තැනට දුර තියාම වතුරේ ඔබාපු ගිනි පෙනෙල්ලක් වගේ සැණෙකින් නිවී ගියා නොවැ"

භික්ෂූන් වහන්සේලාගේ මේ කතාව භාග්‍යවතුන් වහන්සේට අසන්ට ලැබුනා. එතකොට උන්වහන්සේ මෙසේ වදාළා.

"නෑ මහණෙනි, මේ සම්බුදු ගුණ මහිමයක් නොවේ. බෝසත් ගුණ මහිමයයි. මම බෝසත් කාලෙක මේ ප්‍රදේශයේදී මහා ලැව් ගින්නට අසුවුනා. එදා මං සත්‍යක්‍රියාවක් කළා. එදා පටන් අපි ඉන්නා මේ ප්‍රදේශය මේ කල්පය තියෙන තුරු ලැව් ගින්නකින් දැවෙන්නේ නෑ. ඒ බෝසත් කාලේ සිදු වූ ප්‍රාතිහාර්යය කල්පයක් බලපවත්වනවා.

එතකොට ආනන්දයන් වහන්සේ සඟල සිවුර සතරට නවා භාග්‍යවතුන් වහන්සේට වැඩ හිඳීම පිණිස බිම ඇතිරුවා. භාග්‍යවතුන් වහන්සේ එහි පළඟක් බැඳ වාඩි වුනා. භික්ෂු සංඝයාත් භාග්‍යවතුන් වහන්සේට වන්දනා කොට පිරිවරාගෙන වාඩිවුනා.

"ස්වාමීනී භාග්‍යවතුන් වහන්ස, අද මේ සිදු වූ ප්‍රාතිහාර්යය අපි ඇස් දෙකින්ම දැක්කා. නමුත් ස්වාමීනී, අතීතයේ අප භාග්‍යවතුන් වහන්සේගේ බෝසත් අවදියේ සත්‍යක්‍රියාව කොහොමද වුනේ කියලා අපි දන්නෙ නෑ. අපට ඒ අතීත කතාව වදරණ සේක්වා" කියලා භික්ෂූන් වහන්සේලා භාග්‍යවතුන් වහන්සේ ගෙන් ඉල්ලා සිටියා. භාග්‍යවතුන් වහන්සේ මෙම ජාතකය වදාළා.

"පින්වත් මහණෙනි, ගොඩාක් ඉස්සර කාලේ මගධ රටේ මේ ප්‍රදේශයේ ම මහා බෝධිසත්වයෝ වටුකුරුළු යෝනියේ උපන්නා. කුරුළු බිත්තරය බිඳගෙන එද්දි ලොකු පන්දුවක ප්‍රමාණයේ වටුකුරුළු පැටියෙක්ව හිටියා. ඒ කුරුළු පැටියාගේ මව්පියෝ කැදැල්ලේ තියාගෙන මේ

පැටියාව පෝෂණය කළා. මුව තුඩින් ගොදුරු ගෙනැවිත් කැව්වා. තාම කුරුළු පැටියා ඉතාම ළපටියි. තටු දිග හැරලා පියාඹන්ට බලයක් නෑ. බිම ඇවිද යන්ට පුළුවන් කමකුත් නෑ. අවුරුදු පතා මේ ප්‍රදේශයේ ලැව් ගිනි හටගන්නවා. ඒ කාලේ මේ ප්‍රදේශයේ බුර බුරා ලැව් ගිනි පැතිරුනා. කුරුල්ලෝ හඬතල දීගෙන පුළුවන් හැටියට ඈතට ඉගිල ගියා. බෝසත් වටු කුරුල්ලාගේ මව්පියනුත් මරණ භයින් තැති ගත්තා. කුරුළු පැටියාව ගෙනියන්ට විදියක් නෑ. පණ බේරාගන්ට ඕනෑ නිසා කුරුළු පැටියාව දාලා හඬ හඬා ඉගිල ගියා.

බෝසත් කුරුළු පැටියා කැදැල්ලේ හාන්සි වෙලා හිටියේ. ඔලුව උස්සලා වටපිට බැලුවා. මහා ගිනි කඳක් ඇවිලි ඇවිලී එනවා. කුරුළු පැටියා මෙහෙම සිතුවා.

"අනේ... මට පියාපත් තිබුනා නම් මාත් ඉගිල යනවා. පයින් ඇවිද යන්ට පුළුවන් නම් වෙනත් තැනකට දුවගන්නවා. මරණ භයින් බියට පත් මගේ මව්පියොත් මාව දාලා පලා ගියා. මට දැන් මා හැර වෙන කිසිම පිළිසරණක් නෑ. මං දැන් මොකද කරන්නේ....?" කියලා කල්පනා කළා. එතකොට බෝසත් කුරුළු පැටියා මෙහෙම සිතන්ට පටන් ගත්තා. "මේ ලෝකේ සිල් ගුණ කියා දෙයක් තියෙනවා. සත්‍යය කියා දෙයක් තියෙනවා. ඉස්සර කාලේ පාරමී පුරා බෝ මුලකදී අභිසම්බෝධියට පත් මෛත්‍රී ගුණයෙන් පිරී ගිය සර්වඥ බුදුරජාණන් වහන්සේලා වැඩ ඉඳලා තියෙනවා. උන්වහන්සේලා අවබෝධ කොට වදාළ ධර්මගුණ කියා දෙයක් තියෙනවා. මටත් එකම සත්‍යයක් තියෙනවා. මං හුදෙකලාව තනියම සොබාදහමට මුහුණ දී සිටීම ඒ එකම සත්‍යයයි. මේ සත්‍යානුභාවයෙන් ලැව් ගිනි නිවේවා!" කියලා මේ ගාථාව කිව්වා.

"පියාපත් ඇතත් මා හට ඉගිලයන්ට බෑ
පා තිබුණත් මා හට දැන් ඇවිද යන්ට බෑ
මව්පියනුත් මාව දමා ඉගිල පලා ගියා
ලැව් ගින්න නැවතියන්... ලැව් ගින්න නැවතියන්..."

මහාබෝධිසත්වයෝ කැදැල්ල ඇතුලේ පියාපත් දිගහැරගන්ට බැරිව පා දිගහැරගන්ට බැරිව සිටියදී, වැතිරී සිටියදී මේ සත්‍ය ක්‍රියාව කළේ. සොළොස් කිරියක පමණ ප්‍රදේශයේ ලැව් ගින්න එක්වරම වතුරේ එබූ ගිනි පෙනෙල්ල වගේ නිවී ගියා. මේ ඒ ප්‍රදේශයයි. ලැව් ගින්නකින් කවරදාකවත් මේ කල්පය පවතින තුරු හානියක් වෙන්නේ නෑ.

පින්වත් මහණෙනි, මෙය බෝසත් අවදියේ වටුකුරුළු පැටියා කාලේ මා තුළ තිබූ සත්‍යානුභාවයයි. එදා බිහිසුණු ලැව් ගින්නෙන් මං බේරුනේ සත්‍යක්‍රියාවේ අනුහසින්. මෙදා සසර නමැති ලැව් ගින්නෙන් සදහට ම නිදහස් වීමටයි මං ධර්මය දේශනා කරන්නේ" කියා චතුරාර්ය සත්‍යය විස්තර වශයෙන් වදාළා. ඒ දේශනාව අවසානයේ ඇතැම් භික්ෂූන් සෝවාන් ඵලයට පත්වුනා. ඇතැම් භික්ෂූන් සකදාගාමී වුනා. ඇතැම් භික්ෂූන් අනාගාමී වුනා. සමහර භික්ෂූන් රහත් ඵලයට පත්වුනා. "එදා වටුකුරුළු පැටියාගේ මව්පියන්ව සිටියේ මේ ආත්මේ සිටින මා පියන් ම යි. වටුකුරුල්ලාව සිටියේ මම යි" කියා භාග්‍යවතුන් වහන්සේ මේ ජාතකය දේශනා කළා.

06. සකුණ ජාතකය
බෝසත් කුරුල්ලා ගැන කථාව

පින්වතුනේ, පින්වත් දරුවනේ,

අපට වුනත් ඇතැම් අවස්ථාවල කිසිසේත් නොසිතූ ආකාරයේ අපහසුතාවයන්ටට මුහුණ දෙන්ට සිදුවෙනවා. බොහෝවිට සිදුවන්නේ ඒ අපහසුතා මැද ම ඉන්නවා මිස වෙනත් විකල්ප තෝරා නොගැනීමයි. නමුත් වෙනත් විකල්ප තෝරා ගැනීමෙන් අපහසුතාවලට ගොදුරු වී නොසිට එයින් නිදහස් විය යුතු බවයි මේ කතාවෙන් අපට පැහැදිලි කර දෙන්නේ. එය වුනේ මෙහෙමයි.

ඒ දවස්වල භාග්‍යවතුන් වහන්සේ වැඩ සිටියේ සැවැත් නුවර ජේතවනයේ. ඒ කාලේ එක්තරා භික්ෂුවක් භාග්‍යවතුන් වහන්සේගේ දහම් අවවාද ලබාගෙන නිදහස් තැනක් සොයාගෙන පිටත් වුනා. කොසොල් ජනපදයේ පිටිසරබද පළාතක එක්තරා වනයක කුටියක් කරවාගෙන වස් වැසුවා. නමුත් මුල් මාසෙම තමන් සිටි කුටිය ගිනිගත්තා. එතකොට ඒ භික්ෂුව මිනිසුන්ට ගිහින් මෙහෙම කිව්වා.

"අනේ පින්වත්නි.... මගේ කුටිය ගිනි ගත්තා. දැන් මට ඉන්ට තැනක් නෑ. දුකසේ එළිමහනේ ඉන්නේ"

"අනේ ස්වාමීනී, අපේ කුඹුරුත් වේලිලා.... අනේ ස්වාමීනී, කුඹුරුවලට වතුර බඳින්ට තියෙනවා.... කුඹුරුවල වැට වඳින්ට තියෙනවා... වල් උදුරන්ට තියෙනවා... ගොයම් කපන්ට තියෙනවා...' වැනි පිළිතුරු ලැබුනා මිසක් මිනිසුන් ගෙන් උදව්වක් ලැබුනේ නෑ. තුන් මාසෙම එළිමහනේ දුකසේ වාසය කළා. නවාතැනේ ගැටලුව නිසා සිතට පීඩාව ම යි තිබුනේ. ධර්මය නියමාකාරයෙන් පුරුදු කරගන්ට බැරිව ගියා. ඒ නිසා කිසි දියුණුවක් ඇති වුනේ නෑ. වස් කාලේ අවසන් වුනාට පස්සේ ඒ භික්ෂුව නැවත භාග්‍යවතුන් වහන්සේ බැහැ දකින්ට ගියා. භාග්‍යවතුන් වහන්සේට වන්දනා කොට එකත්පස්ව සිටියා.

"භික්ෂුව, ඔබ වස්කාලය සුවසේ ගත කළාද? ධර්මය පුරුදු කිරීමේ අදහස මුදුන්පත් කරගත්තාද?"

"අනේ ස්වාමීනී... මට හරිහමන් තැනක් වාසය කරන්ට ලැබුනේ නෑ. ඒ නිසා සිතේ කණස්සල්ලෙන් ඉන්ට සිදුවුනා. ධර්මය හරි විදිහට පුරුදු කරගන්ට බැරිවුනා"

"භික්ෂුව.... තිරිසන්ගත සත්තු පවා තමන්ට ගැලපෙන, නොගැලපෙන තැන ගැන දන්නවා. තමුන්ට මොකද ඒක තෝරාගන්ට බැරි වුනේ?" කියලා මේ ජාතකය වදාළා.

"භික්ෂුව, ගොඩාක් ඉස්සර කාලේ බරණැස් පුරේ බ්‍රහ්මදත්ත නමින් රජ්ජුරු කෙනෙක් වාසය කළා. ඒ කාලේ මහා බෝධිසත්වයෝ කුරුළු යෝනියේ ඉපදිලා කුරුළු සමූහයා පිරිවරාගෙන එක්තරා වනයක අතුපතර විහිදී ගිය මහා වෘක්ෂයක් ඇසුරු කොට වාසය කළා.

එක දවසක් බෝසත් කුරුල්ලා ඒ වෘක්ෂයේ අත්තක වසා සිටියා. ඒ වෙලාවේ සුළඟින් ඒ ගහේ අතු දෙකක් එකට ඇතිල්ලුනා. එතැනින් පොඩි දුමකුත් හටගත්තා. එය දුටු බෝසත් කුරුල්ලා මෙහෙම කල්පනා කළා.

'ආයේ දෙකක් නෑ.... ඔය විදිහට අතු දෙක දිගට ඇතිල්ලුනොත් ගින්නක් හටගන්නවා ම යි. එතකොට ඒ ගිනි පුපුරු පහළට වැටිලා වියළි කොළ වලට ගිනි ඇවිලෙනවා. එයින් ම මේ වෘක්ෂය ගින්නට මැදිවෙන්ට පුළුවනි. තවදුරටත් මෙතන වාසය කිරීම සුදුසු නෑ. ඉක්මණින් ම මෙතැන අත්හැරලා වෙනත් තැනකට යන්ට ඕනෑ' කියලා බෝධිසත්වයෝ මේ ගාථාව කිව්වා.

"පොළොවේ හටගත් මේ මහ රුක් සෙවනේ
ඉඳින් කුරුල්ලනි ගින්නෙන් මිදෙන්ට ඕනෑ නම්
පැන යව් කුරුල්ලනි වෙනත් දිසාවක
ගින්නෙන් වන භය ඉන් නැතිවන්නේ"

භික්ෂුව, ඒ අවස්ථාවේ ගින්න හටගෙන තිබුනේ නෑ. නමුත් බෝධිසත්වයන්ගේ වචනයට බොහෝ කුරුල්ලෝ සවන් දුන්නා. බෝසත් කුරුල්ලා සමග වෙනත් පළාතකට ඉගිල ගියා. ඒ වචනය නොපිළිගත් කුරුල්ලොත් සිටියා. ඔවුන් මෙහෙම කතාවුනා. 'අනේ විකාර... වතුරු බිඳු අස්සේ මෙයාලට කිඹුලො පේනවා" කියලා සරදම් කරලා ගණන් නොගෙන සිටියා. ටික දවසයි ගියේ. එකපාරට ම ගහට ගිනි ඇවිලුනා. කුරුල්ලන්ට පැටවුන්ට ඉගිල යන්ට ලැබුනේ නෑ. දුමෙනුයි ගිනි දැලිනුයි වට කරගෙන සිටි නිසා කුරුල්ලන් ඒ ගින්නට ම වැටී මළා.

ඔය විදිහට භික්ෂුව අතීතයේ තිරිසන්ගත සත්තු පවා තමන්ට සුදුසු නුසුදුසු තැන තෝරාගන්ට දක්ෂව

සිටියා. ඒ නිසා අනතුරු වලින් වැළකුනා. ඔබ මොකද එය තේරුම් නොගත්තේ?" කියලා ඒ භික්ෂුවට චතුරාර්ය සත්‍යය දේශනා කළා. ඒ දෙසුම අවසානයේ ඒ භික්ෂුව සෝවාන් ඵලයට පත්වුනා. "භික්ෂුව, එදා බෝසතුන් ගේ වචනයට කීකරු වූ කුරුලු පිරිස තමයි බුදු පිරිස. නුවණැති කුරුල්ලා වෙලා සිටියේ මම යි" කියා මේ ජාතකය වදාළා.

07. තිත්තිර ජාතකය

බෝසත් තිත්වටුවා ගේ කථාව

පින්වතුනේ, පින්වත් දරුවනේ,

වැඩිමහල්ලන්ට සැලකීම, වැඩිහිටියන්ට ගරු කිරීම ශිෂ්ට සම්පන්න සමාජයක දකින්ට ලැබෙන එක් ප්‍රධාන ලක්ෂණයක්. බුද්ධ කාලයේ පවා මඳ නුවණින් යුතු භික්ෂූන් අතින් වැඩිහිටියන්ට ගරු කිරීම නැති වූ අවස්ථා ඇතිවී තියෙනවා. ඒ හේතුවෙන් මහෝත්තම භික්ෂූන් වහන්සේලා පවා අපහසුතාවන්ට පත්ව තියෙනවා. මෙය එබඳු කතාවක්.

අනාථපිණ්ඩික සිටුතුමා පනස් හතර කෝටියක් වියදම් කොට ජේතවනාරාමය පිළියෙල කළා. දූතයන් මාර්ගයෙන් භාග්‍යවතුන් වහන්සේට ඒ බව දැනුම් දුන්නා. භාග්‍යවතුන් වහන්සේ රජගහ නුවරින් පිටත් වෙලා විශාලා මහනුවරට වැඩම කරලා හිටියේ. ඉතින් භික්ෂු සංඝයාත් සමග සැවැත් නුවර බලා පිටත් වුනා.

නමුත් ඡබ්බග්ගිය නමැති හිතුවක්කාර භික්ෂූන් සය දෙනා වේලාසනින් ජේතවනයට ගියා. 'කොහේද සංඝයාට සෙනසුන් පණවලා තියෙන්නේ?' කියලා ඒ පැත්තට ගියා. ගිහින් මහතෙරුන් වහන්සේලා වඩින්ට කලින්, අසූ මහා ශ්‍රාවකයන් වහන්සේලා වඩින්ට කලින් සියලු සෙනසුන්

අත්පත් කරගත්තා. 'හා... මේක අපේ උපාධ්‍යායන් වහන්සේට. මේක අපේ ආචාර්යයන් වහන්සේට කියමින් තමන් ගේ භික්ෂූන්ට දෙන්ට උත්සාහවත් වුනා. පස්සේ වැඩම කළ මහතෙරුන් වහන්සේලාට සෙනසුන් ලැබුනේ නෑ. අපගේ ධර්ම සේනාධිපති සාරිපුත්තයන් වහන්සේත් අන්තිමට වැඩියේ. උන්වහන්සේට වැඩ ඉන්ට සේනාසනයක් ලැබුනේ නෑ. ඉතින් අපගේ සාරිපුත්තයන් වහන්සේ භාග්‍යවතුන් වහන්සේ ගේ සේනාසනයට නුදුරින් එක්තරා රුක් සෙවනක වාඩිවීමෙන් සක්මන් කිරීමෙන් රැය පහන් කළා.

භාග්‍යවතුන් වහන්සේ පාන්දරින්ම කුටියෙන් නික්ම උගුර පෑදුවා. සාරිපුත්තයන් වහන්සේත් උගුරු පෑදුවා.

"කව්ද ඔය?" "මම ස්වාමීනී, සාරිපුත්ත"

"ආ... සාරිපුත්ත.... මොකද මේ වෙලාවේ. මෙහි මොකක්ද කරන්නේ?"

"ස්වාමීනී, මං එන්ට ටිකක් පමා වුනා. ඒ නිසා සේනාසනයක් ලබාගන්ට බැරිවුනා. ඉතින් මං මේ රුක් සෙවනට ආවා. මෙතනත් හොඳයි. මං වාඩිවෙමින්, සක්මන් කරමින් කල්ගෙව්වා. ස්වාමීනී, මට අපහසුවක් නෑ"

භාග්‍යවතුන් වහන්සේට මහත් සංවේගයක් හටගත්තා. 'අහෝ... සත්වයන්ගේ පිරිහී යන ස්වභාවය..! මා ජීවත්ව සිටිය දී ම එකිනෙකා කෙරෙහි ගෞරවයක් නැතිව, යටහත් පැවතුම් නැතිව වාසය කරන හැටි'

භාග්‍යවතුන් වහන්සේ එදා උදෑසනින් ම සියලු භික්ෂු සංඝයා රැස්කොට වදාළා. "හැබෑද මහණෙනි, මේ

ඡබ්බග්ගිය භික්ෂූන් තම තමන්ගේ භික්ෂූන්ට වේලාසනින් ම සෙනසුන් වෙන් කරගත්තාද? මහා ස්ථවිර භික්ෂූන් වහන්සේලාට සෙනසුන් ලබාගන්ට බැරිවුනාද?" "එහෙමයි ස්වාමීනී"

එවිට භාග්‍යවතුන් වහන්සේ ඡබ්බග්ගිය භික්ෂූන් ගේ ක්‍රියාවට අප්‍රසාදය පළකොට වදාළා. නැවත මෙසේ අසා වදාළා.

"මහණෙනි, කොයි භික්ෂූන් ද මුල්ම ආසන, මුල්ම පැන්, මුල්ම දානේ ලබන්ට සුදුසු?"

එතකොට ඇතැම් භික්ෂූන් වහන්සේලා මෙහෙම කිව්වා. 'ස්වාමීනී, ක්ෂත්‍රිය වංශික භික්ෂූන්ට යි සුදුසු.... ස්වාමීනී, බ්‍රාහ්මණ වංශික භික්ෂූන්ට යි සුදුසු.... ස්වාමීනී, විනයධර භික්ෂූන්ට යි සුදුසු... ස්වාමීනී, ධර්මකථික භික්ෂූන්ටයි සුදුසු.... ස්වාමීනී, ධ්‍යාන ඉපිදවූ භික්ෂූන්ට යි සුදුසු.... ස්වාමීනී, මාර්ගඵලලාභී භික්ෂූන්ටයි සුදුසු.... ස්වාමීනී, අභිඥාලාභී රහතන් වහන්සේලාට යි සුදුසු..." ආදී වශයෙන් කියන්ට පටන් ගත්තා.

"නෑ... මහණෙනි... මාගේ ශාසනයේ මූලාසනය ලබන්ට, මුලින් ම පැන් ලබන්ට, මුලින් ම දානෙ ලබන්ට ඒවා සුදුසුකම් නොවෙයි. මාගේ ශාසනයේ මුලින් ම පැවිදි වූයේ උපසම්පදා වූයේ යමෙක් ද, ඒ උපසම්පදාවෙන් ලබන වැඩිමහලු පිළිවෙළ පමණයි මූලාසනයට, මුල්ම දානෙට සුදුසු.

දැන් බලන්ට මහණෙනි, මාගේ අග්‍රශ්‍රාවක, අනුධර්මචක්‍රප්‍රවර්තක සාරිපුත්තයන් මා ළඟට සෙනසුනක් ලබන්ට ඒකාන්තයෙන් ම සුදුසුයි. නමුත් සාරිපුත්තයෝ

මේ රාත්‍රියේ සෙනසුනක් නොලබා රුක් සෙවනක ගත කළා. මහණෙනි, දැන් ම මෙහෙම වුනොත් කල් යත් යත් මොනවා වේවිද!

මහණෙනි, ඉස්සර කාලේ තිරිසන්ගත සත්වයන් පවා 'අපි එකිනෙකා අගෞරවයෙන්, යටහත් පැවතුම් නැතිව ඉන්න එක සුදුසු නෑ. අපි අතර ඉන්න වැඩිමහලු කෙනා තෝරාගෙන ඔහුට ගරුසරු දක්වා වාසය කරන්ට ඕනෑ' කියලා කටයුතු කළ නිසා ඔවුන් තිරිසන් ආත්මයෙන් චුත වුනාට පස්සේ දෙවියන් අතර උපන්නා" කියලා මේ ජාතක දේශනාව වදාළා.

"මහණෙනි, ඉස්සර කාලේ හිමාල වනාන්තරේ අතුපතර විහිදී ගිය මහා නුගයක් තිබුනා. මේ නුගරුක් සෙවනේ තිත්වටුවෙකුයි, වඳුරෙකුයි, ඇතෙකුයි ඉතාම හිතමිත්‍රව වාසය කළා. නමුත් එකිනෙකා කෙරෙහි විශේෂ ගෞරවයක් තිබුනේ නෑ. විහිලු තහලුවෙන් වාසය කළා. දවසක් ඔවුන් මෙහෙම කතාවුනා. "අපි මෙහෙම එකිනෙකාට ගෞරවයක් නැතිව වාසය කරන එක හරි නෑ. අපි අතර ඉන්න වැඩිමහලු කෙනා කව්ද කියලා සොයාගනිමු. ඔහුට ගරු සත්කාර කරගෙන වාසය කරමු. ඉතින් අපි කොහොමද අපි අතර ඉන්න වැඩිමහලු කෙනා සොයාගන්නේ?"

දවසක් ඔවුන් මහ නුගේ යට වාඩිවෙලා හිටියා. එතකොට තිත්වටුවාත්, වඳුරාත් ඇතාගෙන් මෙහෙම ඇහැව්වා. "සගය, හස්තිය, මේ මහා නුග රුක ගැන ඔබ දන්නේ කොයි කාලේ පටන් ද?"

"මිත්‍රවරුනි.... මට මතකයි. මං පුංචිම පැටියා කාලේ මං මේ වනයේ ගස් අතරින් යනවා. එතකොට මේ නුගේ මගේ කුසේ ගෑවෙනවා. පොඩි පැලයක්"

ඊටපස්සේ තිත්වටුවායි ඇතායි වඳුරාගෙන් ඇහැව්වා "සගය, වානරය, ඔබට මොකක්ද මේ මහා නුගරුක ගැන තියෙන මතකය?"

"මිත්‍රවරුනි.... මටත් මතකයි. මං කුඩා පැටියා කාලේ බිම වාඩිවෙලා බෙල්ල උස්සන්නේ නැතිව මේ නුගරුකේ මුදුන් දල්ල කඩාන කෑවා. ඔය විදිහට මට කුඩා අවදියේ ඉඳලා මතකයි"

ඊටපස්සේ ඇතායි වඳුරයි තිත්වටුවාගෙන් නුගරුක ගැන දන්නා තොරතුරු ඇහුවා.

"මිත්‍රවරුනි, ඉස්සර ආන්න අතන දිරාපු නුගයක් තිබුනා. දැන් ඒක එතන නෑ. මැරිලා ගිහින්. අන්න ඒ නුගේ අතරින් පතර සැදුන අතුවල ගෙඩි හටගන්නවා. මං ගිහින් ඒ නුගගෙඩි කනවා. මං එහෙම නුගගෙඩි කාලා දවසක් මෙතැන මං වර්චස් කළා. ඒ වර්චස් ගොඩේ තිබුන නුග ඇටයකිනුයි මේ නුගය පැලවුනේ. මගේ මතකය ඕන්න ඔහොමයි. එනිසා ඔබෙන් වැඩිමහලු ම කෙනා මම කියලයි හිතෙන්නේ"

එතකොට ඇතායි වඳුරයි තිත්වටුවාට මෙහෙම කිව්වා. "එසේය යහළුව, ඔබම යි අප අතර ඉන්න වැඩිමහලු කෙනා. අපි අද පටන් ඔබට සත්කාර, ගෞරව, වන්දන, මානන, පූජා පවත්වනවා. ඔබේ අවවාද අනුව අද පටන් අපි කටයුතු කරනවා. අපට අද පටන් ඔබ අවවාද කළ මැන. අනුසාසනා කළ මැන"

එතකොට බෝසත් තිත්වටුවා ඔවුන්ට අවවාද කළා. තමාත් සිල් ගත්තා. ඔවුන්වත් සීලයෙහි පිහිටෙව්වා. මෙසේ එකිනෙකාට ගෞරවයෙන් වාසය කොට මරණින් මතු දෙවියන් අතර උපන්නා.

මෙසේ මහණෙනි, තිරිසන් සතුන් පවා වැඩිහිටියන්ට ගරුසරු ඇතිව වාසය කොට තියෙනවා. මෙවැනි ස්වාක්ඛාත ධර්මවිනය තියෙන උතුම් බුදු සසුනක පැවිදි වී සිටින ඔබ එකිනෙකාට ගෞරව කිරීම ගැන මොනතරම් සැලකිලිමත් වෙන්ට ඕනෑ ද. අදින් පසු කිසි නවක භික්ෂුවක් වැඩිමහලු භික්ෂූන්ව සෙනසුනෙන් බැහැර නොකළ යුතුයි. යමෙක් එසේ කරනවා නම් එය වරදක් බවට ශික්ෂාපදයක් පණවා වදාළා. ඊටපස්සේ භාග්‍යවතුන් වහන්සේ මේ ගාථාව වදාළා.

"යම් කෙනෙක් වැඩිහිටියනට ගරු කරත් නම්
දක්ෂයෝ ය ඔවුහු දහමේ
මෙලොව ද පැසසුම් ලබන්ට සුදුසු ය
පරලොව සුගතියෙ උපත ලබත්ම ය"

මෙසේ භාග්‍යවතුන් වහන්සේ වැඩිහිටියන්ට සැලකීමේ බොහෝ අනුසස් වදාළා. "මහණෙනි, ඒ කාලේ ඇතා වෙලා හිටියේ අපේ මොග්ගල්ලානයන්. වඳුරා වෙලා හිටියේ අපේ සාරිපුත්තයන්. නුවණැති තිත්වටුවා වෙලා සිටියේ මම යි" කියා මේ ජාතකය වදාළා.

08. බක ජාතකය

කපටි කොකා ගේ කථාව

පින්වතුනේ, පින්වත් දරුවනේ,

අනුන්ව මුළා කොට, අනුන් රවටා, කපටිකමෙන් ජීවත් වීම කිසිම කෙනෙකුට සුදුසු නෑ. හොඳ-නරක ගැන, යහපත-අයහපත ගැන විශ්වාසයක් නැති එබඳු පුද්ගලයන්ගෙන් පොදු ජනයාට කොයි කාලෙත් වුනේ අයහපතක්. ඒ වගේ ම ඔවුන්ටත් හැමදාම කපටිකමෙන් ඉන්ට ලැබෙන්නේ නෑ. මෙයත් එබඳු කතාවක්.

ඒ කාලේ අපගේ භාග්‍යවතුන් වහන්සේ වැඩසිටියේ සැවැත් නුවර ජේතවනයේ. ඒ දවස්වල ම ජේතවනයේ එක්තරා භික්ෂුවක් වාසය කළා. ඔහු සිවුරු මසන්ට හරිම දක්ෂයි. සිවුරු කඩ කැපීම, ඒවා එකට සම්බන්ධ කිරීම, මූට්ටු කිරීම ආදී කටයුතු ඉතාම හොඳින් කරන්ට පුළුවනි. මේ නිසා සිවුරු මහන භික්ෂුව කියලා ඔහුව ප්‍රසිද්ධ වුනා. බොහෝ භික්ෂූන් සිවුරු මහන්ට දන්නේ නෑ. එතකොට කව්රුත් කරන්නේ මේ භික්ෂුව සොයාගෙන එන එක. මේ සිවුරු මහන භික්ෂුවත් අනිත් භික්ෂූන්ගේ නොදැනුවත්කම නිසාවෙන් ටිකෙන් ටික කපටි වුනා. ඊටපස්සේ ඔහු මෙහෙමයි කරන්නේ. දිරා ගිය රෙදි කෑලි පිළිවෙළකට කඩ කපලා ප්‍රියමනාප සිවුරක් විදිහට

හොඳින් කැලි මූට්ටු කරනවා. කැඳ මිශ්‍ර වතුරෙන් හොඳට තම්බා පඬු ගහනවා. එතකොට සිවුර හොඳට පේනවා. ඊටපස්සේ හක් ගෙඩියක් රත් කරලා ඒකෙන් සිවුර හොඳට මදිනවා. එතකොට මනාකොට ඔපමට්ටම් වෙලා ඉතා සිත්කලු සිවුරක් ලැබෙනවා. ඒක හොඳට නවනවා. සිවුරු ගැන දන්නේ නැති භික්ෂූන් අළුත් වස්ත්‍ර අරගෙන ඔහුව සොයාගෙන එනවා.

'අනේ ඇවැත්නි, අපි සිවුරු මසන්ට දන්නේ නෑ නොවැ. අපට මේ වස්ත්‍රයෙන් සිවුරක් මහලා දෙන්ට ඇහැකි ද?'

'හප්පේ ඇවැත්නි.... එහෙම එකපාරට ම සිවුරක් කරන්ට බෑ. ඒකට සෑහෙන කාලයක් ගත වෙනවා. මං හදාපු සිවුරක් තියෙනවා. කැමැති නම් ඔය වස්ත්‍රය මෙහි තියලා ඒ සිවුර අරන් යන්ට පුළුවනි' කියලා අර තමන් හදාපු හොර සිවුර පෙන්නනවා. එතකොට ඒ භික්ෂූන් දුටු පමණින් ම ඒ සිවුරට කැමති වෙනවා. අලුත් වස්ත්‍රය ඔහුට දීලා අර සිවුර අරගෙන යනවා.

ඒ භික්ෂූන් ටික කාලයක් ඒ සිවුරු පොරවා කිලිටි වූ විට උණුවතුරෙන් සෝදන කොට කැඳයි පඬුයි ගිහින් වැරහැලි රෙද්ද මතුවෙනවා. 'අනේ අපිට හොඳ සිවුරක් කියලා අසවල් භික්ෂුව රැවැට්ටුවා නොවැ' කියලා සිත් තැවුලට පත්වෙනවා. මොහු ගේ වංචනික ක්‍රියාව මුළු සැවැත් නුවර ම භික්ෂූන් අතර ප්‍රකට වුනා. පිටිසර ගමකත් ඔය විදිහට ම සිවුරු වංචා කරන භික්ෂුවක් ඉන්නවා. ඔහුගේ යහළු භික්ෂූන් ඔහුට මෙහෙම කිව්වා.

'ඇවැත්නි, ජේතවනයේ මහා කපටි භික්ෂුවක් ඉන්නවා. ඔහු බොහෝ භික්ෂූන්ව වංචා කරනවා'

එතකොට ඒ භික්ෂුව මෙහෙම හිතුවා. 'හරි... මං එහෙනම් සැවැත් නුවර ඉන්න භික්ෂුව රවට්ටන්ට ඕනෑ' කියලා දිරා ගිය රෙදි කැබලි එකතු කොට මනා සිවුරක් කරලා මනා රතු පැහැයෙන් පඬු ගසා එය පොරවාගෙන ජේතවනයට ගියා. ජේතවනයේ සිටින කපටි භික්ෂුවට ඒ සිවුර දැකපු ගමන් ලෝභ සිතුනා.

"අනේ ඇවැත්නි... මේ සිවුර සකස් කළේ ඔබ ද? මෙය හරි අගෙයි නොවැ"

"එසේය ඇවැත්නි"

"ඇවැත්නි... ඔබ සිවුර මට දෙනවාද? ඔබට වෙනත් සිවුරක් ලැබේවිනේ"

"අනේ අපි පිටිසර උන්නාන්සේලා. සිව්පසය දුර්ලභයි. ඔබට සිවුර දුන්නොත් මං පොරවන්නේ මොකක්ද?"

"මගේ ළඟ අලුත්ම වස්ත්‍රයක් තියෙනවා. මං ඒක දෙන්නම්. ඔබ ඒකෙන් සිවුරක් කරගන්ට"

"ඇවැත්නි... මගේ අතින් කළ මේ සිවුරට ඔබ කැමතිම නිසා එහෙනම් මේ සිවුර ගන්ට" කියලා අලුත් වස්ත්‍රයත් අරගෙන හිනා වෙවී පිටත් වුනා. ජේතවනේ සිටිය භික්ෂුව ඒ සිවුර පොරවා ටික දවසකින් කිළිටි වුනා. උණුවතුරෙන් සෝදා බලද්දී තමන් අනුන්ට කළ ජාතියෙම සිවුරක්. එයින් ඔහු මහත් ලැජ්ජාවට පත්වුනා.

දවසක් දම්සභා මණ්ඩපයේ රැස්වූ භික්ෂූන් වහන්සේලා මේ කපටි දෙනමගේ කටයුතු ගැන කතාබස් කරමින් සිටියා. එතැනට භාග්‍යවතුන් වහන්සේ වැඩම

කළ විට භික්ෂූන් වහන්සේලා මේ දෙනම ගැන සැළකළා. "මහණෙනි, ඔය දෙනම පෙර ආත්මෙකත් එකිනෙකාට වංචා කරගත්තා" කියලා මේ ජාතකය වදාළා.

"පින්වත් මහණෙනි, ගොඩාක් ඉස්සර කාලෙක වනාන්තරේක එක්තරා නෙළුම් විලක් අසල තිබුනු වෘක්ෂයක මහා බෝධිසත්වයෝ රුක් දෙවියෙක් වෙලා උපන්නා. ඔය වනාන්තරේ තිබුන කුඩා විලක ජලය පායන කාලයක දී අඩුවුනා. ඒ විලේ මාළු ගොඩාක් ඉන්නවා. එක්තරා කොකෙකුට මේ විලේ බොහෝ මාළු ඉන්න බව දැකගන්ට ලැබුනා. 'මොකක්හරි උපායකින් මේ මාළු ඔක්කොම කන්ට ඇත්නම්' කියලා ඌ කල්පනා කළා. පසුවදා ම කොකා ගිහින් ඒ විල කෙලවරේ සිතිවිලි බරව වාඩිවෙලා සිටියා.

විලේ සිටිය මාළුවන් කොකාව දැක්කා. 'ඔබ මොකෝ මේ මහා බරපතල කල්පනාවකට වැටිලා වාඩිවෙලා ඉන්නේ?'

'මං මේ තමුන්නාන්සේලා ගැනයි මෙතරම් සිතිවිලි බරව ඉන්නේ'

'අනේ අපි ගැන ඔතරම් මොනවාද සිතන්නේ?'

"පින්වත් මත්ස්‍යයිනි, මේ විලේ තියෙන්නේ වතුර ටිකයි. ගොදුරුත් අඩුයි. ඒ මදිවට මහා පෑවිල්ල. අනේ මේ ඇත්තන්ට ඉදිරියේදී මක්වේවිද කියලයි මං මේ සිතිවිලි බරව ඉන්නේ"

"අහෝ... එතකොට අපි මොකක්ද කරන්ට ඕනෑ"

"තමුන්නාන්සේලා මගේ වචනයට අනුව කටයුතු කරනවා නම්, මං මුව තුඩින් එක්කෙනා බැගින් අරගෙන

ගොහින් පස්පියුමෙන් සුසැදි මහා ලාස්සන විලකට ගිහින් දානවා"

"හප්පේ... අහන්ටත් පුදුමයි නොවැ. මුල් කල්පේ පටන් මේ දක්වා මාළුන්ට හිතැසි වූ කොකෙක් නම් නෑ. ඔබ ආසා ඇත්තේ අපේ එක්කෙනා බැගින් කන්ටයි"

"හනේ.... තමුන්නාන්සේලා මාව විශ්වාස කරන්ට. මං එහෙම කරන්නේ නෑ. ඉදින් මහා විලක් තියෙන බව විශ්වාස නැත්නම් එක මාළුවෙක් මා සමග එවන්ට විල බලන්ට"

එතකොට මාළුන් කොකාව විශ්වාස කළා. 'මේකා දියේත් ගොඩබිමත් දක්ෂයි' කියලා එක් ඇසක් නොපෙනෙන මාළුවෙකුව ඉදිරිපත් කළා. කොකා උගුව තුඩින් ගත්තා. මහාවිලේ බැස්සුවා. හැම තැනක්ම පෙන්නුවා. ආයෙමත් තුඩින් ඩැහැගත්තා. අර විලට ගෙනිහින් දැම්මා. එතකොට මාළුන් ඒ මාළුවාව වටකරගෙන විස්තර ඇහැව්වා. මාළුවාත් වරුවක් ම මහවිල ගැන වර්ණනා කළා. මාළුන් හැමෝ ම මහවිලට යන්ට ආසා කළා. අනේ අපිවත් එක්කරගෙන යන්ට කිව්වා. ඉස්සෙල්ලාම යන්නේ මං කියලා ඇහැක් කණ මාළුවා ඉදිරිපත් වුනා. කොකා මාළුවාව තුඩින් අරගෙන මහවිල පෙන්නලා එතන තිබුන ලුණුවරණ ගසේ අත්තක වැහැව්වා. මාළුවා මරා මස් කා කටු ටික ගස යට හෙළුවා. ඔය උපායෙන් ඒ විලේ හිටිය හැම මාළුවෙක් ම ඉවර කළා.

අන්තිමට එකම කකුළුවෙක් විලේ ඉතුරු වුනා. කොකාට කකුළු මසුත් කන්ට ආසා හිතුනා. "භවත් කකුළුව... මං අපේ මාළුන් හැමෝම පස්පියුමෙන් සුසැදි

මහා විලට දැම්මා. දැන් එයාලා හරිම කෙළිදෙලෙන් කල් යවනවා. එන්න. මං ඔබවත් එක්කරගෙන යන්නම්"

"ඔබ මාව ගෙනියන්නේ කොහොමද?" "ඇයි... මට තුඩින් ඩැහැගෙන යන්ට පුළුවනි" "හාපෝ... එහෙම බෑ. අතරමගදි මාව අතහරීවි. ඒ නිසා මට ඔබ සමග යන්ට බෑ"

"භයවෙන්ට කාරි නෑ. මං හොඳට අල්ලාගෙන යන්නම්"

එතකොට කකුළුවා මෙහෙම සිතුවා. "මාළුවන් විලට ගිහින් දැම්මා කියන කාරණය නම් ටිකාක් විශ්වාස කරන්ට අමාරුයි. හරි.... මේකා මාව විලට දැම්මොත් හොඳා. නොදැම්මොත් මං මොකද කරන්නේ?"

"මා මිත්‍ර කොකෝ.... ඔබට මාව හොඳ හැටියට අල්ලා ගන්ට අමාරුයි. එහෙම නොවේ. මට සියුමැලි ආකාරයට ඔබේ බෙල්ල අල්ලා ගන්ට දෙනවා නම් මං ඔබත් සමග විලට යන්ට එන්නම්"

කොකාට කකුළුවා තමාව රවටන බව තේරුනේ නෑ. කකුළු මසට ආසාවෙන් වහාම කැමති වුනා. කොකා බෙල්ල දිගු කළා. කකුළුවා කම්මල්කාරයෙක් යකඩ අඬුවකින් අල්ලනවා වගේ කොකාගේ බෙල්ල වැළඳගත්තා. හරි දැන් යමු කිව්වා. කොකා කලින් වගේම මහවිල පෙන්නලා ලුණුවරණ ගසේ අත්තේ වැහැව්වා.

"අනේ මාමණ්ඩි... විල තියෙන්නේ අතන. ඔබ මාව මෙතනට ගෙනාවේ ඇයි?"

"ආහා... කවද්ද තොට මාව මාමා වුනේ? මගේ සහෝදරියගේ පුතාද තෝ? තෝව මං උස්සාගෙන ආවම

හිතුවද මං දාසයෙක් කියලා? දැන් බලාපිය ලුණුවරණ ගස යට. හහ්.. පේනවාද? සියලු මාළුන් ගේ ඉරණම විසඳුනේ මෙතන. තෝවත් මං කනවා"

එතකොට කකුළුවා මෙහෙම කිව්වා. "බොල කොකෝ.... ඒක මාළුවන්ගේ මෝඩකොම. නමුත් තොට මාව කන්ට ලැබෙන්නේ නෑ. මෙතෙක් කළ වංචාව දන්නෑ කියලද හිතන්නේ? මැරෙනවා නම් දෙන්නම මැරෙමු. මෙතැනම මං තොගේ බෙල්ල කඩනවා" කියලා යකඩ අඬුවෙන් තද කරනවා වගේ කොකාගේ බෙල්ල තද කරන්ට පටන් ගත්තා. එතකොට කොකා කඳුළු වගුරුවමින් මරණභයෙන් යුක්තව බයාදු හඬින් ආයාචනා කළා.

"අනේ ස්වාමී.... මං තමුන්නාන්සේව කන්නේ නෑ. මට ජීවිතය දෙන්ට"

"හරි එහෙනම් මාව විලට අතෑරපං" එතකොට කොකා වහාම විලට ගිහින් විල් කෙළවර මඩ මත කකුළුවාව තැබුවා. කකුළුවා නෙළුම් දණ්ඩක් කතුරකින් කපනවා වගේ කොකාගේ බෙල්ල කපාගෙන ජලයට පිවිසුනා.

මේ අසිරිය දුටුව ලුණුවරණ ගසේ සිටිය දෙවියා වනය නින්නාද කරවමින් මේ ගාථාව පැවසුවා.

"වංචාවට කපටිකමට නුවණ යොදන කෙනා
හැම කල්හිම වංචාවෙන් සැප ලබන්නෙ නෑ
කකුළු මසට කැමතිව වංචාවට නුවණ යෙදූ
කොකාට වූ දේ ම යි ඒ අයටත් වෙන්නේ"

මහණෙනි, ඒ කාලේ කොකා වෙලා සිටියේ ජේතවනයේ ඉන්න සිවුරු මහන භික්ෂුව. කකුළුවා වෙලා

සිටියේ පිටිසර ගමේ සිටිය සිවුරු මහන භික්ෂුව. රුක්
දෙවියා වෙලා සිටියේ මම යි"

09. නන්ද ජාතකය
නන්ද දාසයා ගේ කථාව

පින්වතුනේ, පින්වත් දරුවනේ,

සමහරුන්ගේ ගතිගුණ හරි පුදුමයි. වැඩිහිටියන් අතරේ, ගුරුන් අතරේ, පිරිසක් අතරේ ඉන්නා විට බොහෝම හොඳට තැන්පත්ව ඉන්නවා. පොඩි වගකීමක් සමග තනිවෙන්ට ලැබුනොත් වෙනස් වෙනවා. ගමනකට පිටත් කළොත් වෙනස් වෙනවා. මේ කතාවෙන් කියවෙන්නේ එබඳු දෙයක්.

ඒ දිනවල භාග්‍යවතුන් වහන්සේ සැවැත් නුවර ජේතවනයේ වැඩසිටියේ. ඒ කාලෙම එක්තරා තරුණයෙක් අපගේ සාරිපුත්තයන් වහන්සේ ළඟ පැවිදි වුනා. මේ භික්ෂුව ඉතාමත් ම කීකරුයි. කියන දේ අහනවා. සාරිපුත්ත මහරහතන් වහන්සේට බොහෝ වෙහෙස මහන්සියෙන් උපස්ථාන කරනවා. උන්වහන්සේ ගේ කටයුතු වලට උදව් වෙනවා. ඉතින් සාරිපුත්තයන් වහන්සේත් මේ ශිෂ්‍ය භික්ෂුව ගැන පැහැදීමෙන් සිටියා.

එක් අවස්ථාවක අපගේ ධර්ම සේනාධිපතීන් වහන්සේ භාග්‍යවතුන් වහන්සේ ගෙන් අවසර ගෙන දක්ඛිණාගිරි ජනපදයේ චාරිකාවේ වැඩියා. ඒ ගමනට අර භික්ෂුවත් එකතු වුනා. ඒ ගමන ගිය දවසේ පටන් ඒ

භික්ෂුව වෙනස් වුනා. මහා උඩඟුකමින් සිතට අරගෙන සිටියා. සාරිපුත්තයන් වහන්සේගේ එක වචනයකටවත් අවනත නෑ. 'ඇවැත්නි... මේක කරන්ට' කීවොත් කරන්නේ ඊට විරුද්ධ දෙයක්. මේ මොන ස්වභාවයක් ද කියලා සාරිපුත්තයන් වහන්සේට ඒ භික්ෂුව ගේ චිත්ත ස්වභාවය වැටහුනේ නෑ. කෙසේ නමුත් චාරිකාව අවසන් වෙලා ජේතවනයට වැඩියා.

ඒ භික්ෂුව ජේතවනයට ආ ගමන් ආයෙමත් හරීම කීකරුයි. නිහතමානියි. තැන්පත්. සාරිපුත්තයන් වහන්සේ භාග්‍යවතුන් වහන්සේට මේ කාරණය සැළකළා. "ස්වාමීනී භාග්‍යවතුන් වහන්ස, මාගේ එක් ශිෂ්‍ය නමක් ඉන්නවා. ජේතවනයේ සිටිද්දී කුලියට ගත් දාසයෙක් වගේ ඉතාමත් ම කීකරුයි. නමුත් තවත් තැනකට ගිය විට මහා උඩඟුකමින්, දැඩි මාන්නයකින් යුක්තයි. කියන දේට විරුද්ධ දේමයි කරන්නේ"

"සාරිපුත්ත, ඔය භික්ෂුව දැන් පමණක් නොවෙයි. පෙර ආත්මෙත් ඔහොම තමයි. එක තැනක ඉන්නකොට මිළට ගත් දාසයෙක් වගෙයි. තවත් තැනකට ගිය විට ඊට හාත්පසින් ම වෙනස්. විරුද්ධකාරයෙක් වගෙයි" කියලා මේ ජාතකය වදාළා.

"සාරිපුත්ත, ඉස්සර කාලෙ බරණැස් පුරේ බ්‍රහ්මදත්ත නමින් රජ්ජුරු කෙනෙක් රාජ්‍ය කළා. ඒ කාලේ බෝධිසත්වයෝ එක්තරා පවුලක උපන්නා. බෝධිසත්වයන්ට එක්තරා යහළුවෙක් සිටියා. ඔහු මහළුයි. නමුත් ඔහුගේ බිරිඳ තරුණයි. මේ දෙන්නාට එකම පුත්‍රයෙක් සිටියා. දවසක් ඒ යහළුවා මෙහෙම සිතුවා.

මගේ බිරිඳ තවම තරුණයි. මං මැරිල ගිය කාලෙක වෙනත් විවාහයක් වුනත් කරගන්ට බැරි නෑ. එහෙම වුනොත් මගේ ධනය විනාශ වේවි. මගේ පුත්‍රයාට ලැබෙන එකක් නෑ. ඒ නිසා මං මේ ධනය නිධන්ගත කරන්ට ඕනෑ" කියලා තමන්ගේ නන්ද කියන දාසයාට කතා කළා. ඔහුත් සමග වනාන්තරේට ගියා. තමන්ගේ ධනය කිසියම් රහස් තැනක නිධන්ගත කළා. නන්ද දාසයා ගේ හිස අතගා ආදරයෙන් කතා කළා.

"දරුව නන්ද... මං මේ ධනය නිධන් කළේ මගේ පුත්‍රයා වෙනුවෙන්. මං නැතිවෙච්ච කාලෙක මාගේ පුත්‍රයාට මේ තැන ගැන කියන්ට ඕනෑ. මේ යුතුකම නම් අත්හරින්ට එපා" කියලා සපථ කරවා ගත්තා.

ටික කලකින් ඔහු මිය ගියා. ඔහු ගේ පුත්‍රයාත් ක්‍රමයෙන් තරුණයෙක් වුනා. දවසක් ඔහු ගේ මව පුත්‍රයාට මෙහෙම කිව්වා. "පුතේ... ඔයාගේ තාත්තා අපේ නන්ද දාසයා කැඳවාගෙන ගොහින් වනාන්තරේ ධනයක් නිධන් කළා. දැන් ඒක අරන් ඇවිත් දියුණුවට කටයුතු කරන්ට කාලෙ හරි"

එතකොට ඔහු දවසක් නන්ද දාසයාට මෙහෙම කිව්වා. "මාමේ... අපේ තාත්තා මා වෙනුවෙන් තැන්පත් කරපු ධනයක් තියෙනවා නේද?"

"එහෙමයි ස්වාමී..." "කොහේද ඒ ධනය නිධන් කරලා තියෙන්නේ?"

"වනාන්තරේ ස්වාමී" "එහෙමනම් අපි උදලු පැසි අරගෙන එතැනට යමු" කියලා වනාන්තරේ මැදින් එක්තරා තැනකට ගියා. "මාමේ... කොහිද ඒ වස්තුව

තියෙන්නේ?" එතකොට නන්ද දාසයා ඒ ධනය තැන්පත්
කළ තැන සිටගත්තා. මෙහෙම කියන්ට පටන් ගත්තා.

"ඈ.... නිදකින් දාස කොල්ලෝ.... තොගේ
වස්තුවක් කොහේද මෙතැන තියෙන්නේ....? අඩා....
තෝ දැන ගන්.... තෝ නිකම්ම නිකමෙක්..." කියලා අර
කුමාරයාට අපහාස කරන්ට පටන් ගත්තා. එතකොට
කුමාරයා කලබල වුනේ නෑ. ඇසුනේ නෑ වගේ "එහෙනම්
අපි යමු" කියලා ගෙදර ගියා. ගෙදර ගිය විට දාසයා
ආයෙමත් හරිම කීකරුයි. දවස් දෙක තුනක් ම එතැනට
ගියා. ගිය හැම වතාවෙම නන්ද දාසයා වෙනස් වෙනවා.
හොඳටම අපහාස කරන්ට පටන් ගන්නවා. කුමාරයාට
මේ මොකක්ද වෙන්නේ කියලා සිතාගන්ට බෑ. අන්තිමේදී
කුමාරයා මෙහෙම සිතුවා. "අපේ තාත්තාගේ මිත්‍රයෙක්
ඉන්නවා. ඔහුටවත් ගිහින් මේක කියන්ට ඕනෑ" කියලා
බෝධිසත්වයන් මුණ ගැහෙන්ට ගියා. ගිහින් සිදු වූ හැම
දෙයක් ම කියා හිටියා. "අනේ පියාණෙනි.... ඇයි මෙහෙම
වුනේ?"

"පුත්‍රය... ඔය නන්ද දාසයා යම් තැනක සිටගෙන
ඔබට අපහාස කරනවාද, නිච්චියට ම එතැන තමයි
වස්තුව තියෙන්නේ" කියලා මේ ගාථාව පැවසුවා.

"මුතු මැණික් ද රන්මාලා බොහෝ වස්තුව එතැන ඇතේ
ඒ මත සිටගත් නන්දට තමා කවුද මතක නැතේ
එනිසායි ඔහු එතැනදි තම ගර්ජනාව පතුරන්නේ"

ඉතින් කුමාරයා බෝධිසත්වයන්ට වන්දනා
කරලා ගෙදර ගියා. ආයෙමත් නන්ද දාසයාත් එක්ක
වනාන්තරේට ගියා. වෙනදා වගේ එතැන සිටගෙන
අපහාස කරන්ට පටන් ගත්තා. එදා කුමාරයා නිශ්ශබ්දව

සිටියේ නෑ. "ඈ.... එම්බල දාසය... තෝ කව්ද මට අපහාස කරන්ට. තෝ තොගේ හැටි දැනගං" කියලා අහකට ඇදලා දැම්මා. උදැල්ලෙන් හාරලා ඒ වස්තුව ගොඩට ගත්තා. එදාම නන්ද දාසයාව රස්සාවෙන් අයින් කළා. බෝධිසත්වයන්ගේ අවවාද මත කුමාරයා බොහෝ දියුණුවට පත්වුනා. දානාදී පින්කම් කළා.

"සාරිපුත්ත.... ඔය මේ සසරේ හැටි. එදත් මේ භික්ෂුව ඔය ස්වභාවයෙන් ම යුක්තයි. එදා නන්ද දාසයා තමයි අද ඔබගේ ශිෂ්‍යයෙක් හැටියට පැවිදි වෙලා ඉන්නේ. එදා කුමාරයාට උපදෙස් දුන් නුවණැති ගෘහපතියා මම යි" කියා මේ ජාතකය වදාළා.

10. ඛදිරංගාර ජාතකය
මාරයා මැවූ කිහිරි ගිණිඅඟුරු ගැන කථාව

පින්වතුනේ, පින්වත් දරුවනේ,

පින් කරන්ට යන කෙනෙකුට වුනත්, පින්කමකට වුනත් බොහෝ බාධා, කරදර, හිරිහැර, නින්දා, අපහාස විඳින්ට වන අවස්ථා අපට දකින්ට ලැබෙනවා. මේ ස්වභාවය අද විතරක් නොවේ. ඉස්සරත් තිබුනා. දැන් කියැවෙන්නේ එබඳු කතාවක්.

ඒ කාලේ අපේ භාග්‍යවතුන් වහන්සේ වැඩ සිටියේ සැවැත් නුවර ජේතවනයේ. අනේපිඬු සිටුතුමා ජේතවන විහාරය සකස් කරන්ට රන් කහවණු පනස්හතර කෝටියක් වියදම් කළා. දවසට තුන්වරක් භාග්‍යවතුන් වහන්සේට උපස්ථාන පිණිස ගියා. අසරණයන් ගේ යහපත වෙනුවෙන් බොහෝ වියපැහැදම් කළා. අනේපිඬු සිටුතුමාගේ මාළිගයේ දිනපතා භික්ෂූන් වහන්සේලා පන්සිය නමකට දානෙ පූජා කෙරෙනවා. ඔහුගේ මාළිගය මහල් සතකින් යුක්තයි. මේ මහා ප්‍රාසාදයේ සතරවන මහලේ එක්තරා දෙව්දුවකගේ විමානයක් තිබුනා. ඒ දේවතාවී මිථ්‍යාදෘෂ්ටිකයි. ඇයට නිතර නිතර සිත්තැවුල් ඇතිවෙන දෙයක් ඒ මාළිගයේ සිදුවුනා.

නිතරම පාහේ භාග්‍යවතුන් වහන්සේ ඒ මාළිග යට වඩිනවා. අසූ මහා ශ්‍රාවකයන් වහන්සේලා වඩිනවා. වෙනත් මහානුභාව සම්පන්න රහතන් වහන්සේලා වඩිනවා. ඒ හැම අවස්ථාවේදීම ඒ දෙව්දුවට ඒ විමානෙන් බිමට බහින්ට සිද්ධ වෙනවා. ඈ ඇගේ පිරිවරත් සමග නිතර නිතර විමානෙන් බිමට බහින නිසා භාග්‍යවතුන් වහන්සේ ගැනත් ශ්‍රාවක සංඝයා ගැනත් මහත් අමනාපයකින් වාසය කළා. ඈ මෙහෙම කල්පනා කළා.

"මේ නිවසට ශ්‍රමණ ගෞතමයන් වහන්සේත් තමන්ගේ ශ්‍රාවකයොත් පිවිසෙන තාක් මට සැපයක් නම් නෑ. මට හැමදාම මුන්දැලා එන එන වෙලාවට බිමට බහින්ට බෑ. මුන්දැලා මේ නිවසට වැද්ද නොදෙන්ට මොකක් හරි කරන්ට ඕනෑ.

ඉතින් ඈ දවසක් සිටුතුමාගේ ඉදිකිරීම් කටයුතු කරන ප්‍රධානියා නිදාගෙන සිටිද්දී මහත් ආලෝකයක් මවාගෙන පෙනී සිටියා. එතකොට ඔහු වහා අවදිවුනා. "කව්ද මේ දෙව්දූ?"

"මං මේ මාළිගාවේ සිව්වැනි මහලේ දිව්‍ය විමානයේ ඉන්න දෙව්දුව"

"ඔබතුමී ඇයි දැන් මේ පෙනී සිටියේ?"

"තොප ගේ සිටුවරයා ගේ කල්කිරියාව පෙනෙන්නේ නැද්ද? ශ්‍රමණ ගෞතමයන්ගේ පාමුල හැම සතේ ම පූජා කෙරෙනවා. අවසාන කාලේ තමන්ට යන කලදසාව ගැන ටිකක් සිතන්ට බැරිද? දැන් කිසි වෙළඳාමක් නෑ. ව්‍යාපාරයක් නෑ. කර්මාන්තයක් නෑ. තොපවත් සිටුතුමාට මේ ගැන කියන්ට. දැන් වත් ශ්‍රාවකයන් සහිත ශ්‍රමණ

ගෞතමයන්ට මේ සිටුමැදුරට එන එක වළක්වන්ට කියලා”

“එම්බා මෝඩ දේවතාවී.... සිටුතුමා ධනය වියදම් කලේ නෛර්යාණික බුදු සසුනට යි. ඉදින් ඔහු පුළුවන් නම් මගේ පසුම්බියත් ශාසනේට වියදම් කරාවි.... වහාම යන්න මෙතැනින්...” කියලා දෙව්දුව එළවා ගත්තා. ඈ තව දවසක සිටුතුමාගේ ලොකු පුතා ඉදිරියේ පෙනී සිට ඔය විදිහට කියාගෙන ගියා. ඒ වතාවෙත් ඈව එළවා ගත්තා. ඊටපස්සේ ඈ සිටුතුමාට ම කෙලින් කථා කරන්ට අවස්ථාවක් එනකල් බලාපොරොත්තුව සිටියා.

සිටුතුමා තමන්ගේ ව්‍යාපාර කටයුතු ගැන වැඩි අවධානයක් නොකළ නිසා ටිකෙන් ටික ආදායම් අඩුවෙලා ගියා. දහඅට කෝටියක් ණය ගත්තු ණයකාරයෝ ණය නොදී හැරියා. අචිරවතී ගංතෙර නිධන්ගත කළ දහඅට කෝටියක වස්තුව ගංවතුරට ගසාගෙන ගියා. නමුත් සිටුතුමා දානෙ දීම නැවැත්තුවේ නෑ. අන්තිමේදී ඇඹුල් කැඳයි බතුයි තමයි දානෙට දෙන්ට සිදුවුනේ. නමුත් සිටුතුමා කිසි කම්පාවක් නැතිව සතුටින් යුක්තව පින්දහම් කරගෙන ගියා.

දැන් දෙව්දුව මෙහෙම සිතුවා. “සිටුතුමා ඉසුරුමත් කාලේ මගේ වචනය අසන එකක් නෑ. දැන් දිළිඳුයි නොවැ. දැන් මගේ වචනය පිළිගනීවි” කියලා මධ්‍යම රාත්‍රියේ සිටුතුමාගේ යහන් ගැබ ඒකාලෝක කරගෙන පෙනී හිටියා. සිටුතුමා අවදි වුනා. “කවුද මේ දේවතාවී?”

“මහා සිටුවරය.... මං තොපගේ මාළිගයේ සිව්වැනි මහලේ ඇති දෙව් විමනේ ඉන්නා දෙවඟනයි”

"ඇයි මෙතුමිය දැන් පෙනී සිටියේ?"

"තොපට අවවාදයක් කරන්ට කැමතියි"

"හොඳයි.... කියන්ට"

"මහා සිටුවරය... ඔබට මෙහෙම වේවි කියලා සිතුවේ නෑ නේද? මා නම් බොහෝම කල් දැනගෙන සිටියා. අවසාන කාලයේ ඔබ තවත් අසරණ වෙනවා. ඔබ සියලු කටයුතු අත්හැර ශ්‍රමණ ගෞතමයන් පස්සේම ගියා. මොකක්ද ඔබට වුනේ? ඔබ දිළින්දෙක් වුනා. එච්චරයි! දැන්වත් ශ්‍රාවකයන් සහිත ශ්‍රමණ ගෞතමයන්ව මේ නිවසට පැමිණීම වළක්වන්ට"

"එතකොට මෙතුමිය මට දෙන අවවාදය ඕක ද?" "එසේය සිටුවරය" "එම්බල දුස්සීල කෙල්ල, තී පමණක් නොවේ. තී වැනි ලක්ෂයක් ඇවිත් කීවත් භාග්‍යවතුන් වහන්සේ කෙරෙහි මාගේ ඇති ප්‍රසාදය නැති කරන්ට පුළුවන් කියලද හිතන්නේ? අරේ... දාසී.... අද පටන් තොපට මාගේ නිවසේ විමානයක් නැත. වහාම මෙතැනින් නික්ම යනු"

සෝවාන් ඵලයට පත් ආර්ය ශ්‍රාවකයෙකු වූ අනේපිඬු සිටුතුමාගේ වචනය අසා ඇය කිසිවක් කර කියා ගත නොහැකිව තම පිරිවරත් සමග මාළිගයෙන් නික්මුනා. ඇයට සැවැත් නුවර කොහේවත් විමානයක් ලැබුනේ නෑ. ඈ නැවත සිටුතුමාගෙන් සමාව ගන්ට ඕනෑ කියලා නගරාරක්ෂක දිව්‍යපුත්‍රයා මුණගැසී කියා හිටියා. නගරාරක්ෂක දෙවියන්ට එය කළ නොහැකි බවත් සතරවරම් දෙව්මහරජවරු මුණ ගැසෙන ලෙසත් කියා සිටියා. ඉතින් ඈ සතරවරම් දෙව්මහරජවරුන් මුණ

ගැසුනා. එතැනින් එලක් වුනෙත් නෑ. සක්දෙවිඳු මුණ ගැසෙන ලෙස කියා සිටියා. ඈ ඉතාමත් වෙහෙස ගෙන සක් දෙවිඳුන් මුණ ගැසුනා. සක්දෙවිඳු ඈට බොහෝ අවවාද කළා. එයට දඬුවම් පිණිස සිටුතුමාගේ සියලු ණය ආපසු ලබාදෙන්ට කටයුතු කරන ලෙසත් ගංවතුරෙන් මුහුදට ගසාගෙන ගිය වස්තුව රැගෙන එන ලෙසත් අවවාද කළා. ඈ ඒ සියලු දේ ම කොට අනේපිඬු සිටුතුමාගෙන් සමාව ගත්තා.

දවසක් අනේපිඬු සිටුතුමා භාග්‍යවතුන් වහන්සේ බැහැදැක මේ සියලු ප්‍රවෘත්තිය කියා සිටියා. "ස්වාමීනී.... ඒ දෙවිදුව සිතා සිටියේ භාග්‍යවතුන් වහන්සේ කෙරෙහි මා තුළ ඇති ප්‍රසාදය නැති කරන්ට පුළුවන් කියලා. අන්තිමේදී ඈ මයි අමාරුවේ වැටුනේ"

"ගෘහපතිය, ඔබ සෝවාන් වූ අචල ශ්‍රද්ධාවට පැමිණි ශ්‍රාවකයෙක්. ඒ නිසා ඔබේ ශ්‍රද්ධාවට හානි නොවීම ආශ්චර්යයක් නොවෙයි. නමුත් ඉස්සර කාලේ නුවණැති අය පවා නොමේරූ ඤාණයකින් යුක්තව දානයකට සූදානම් වූ අවස්ථාවේ මාරයා අහසේ පෙනී සිටියා. "තෝ දානෙ දුන්නොත් බලාගෙනයි. මේ අසූ රියනක් ගැඹුරු මහා දරුණු ගිනි අඟුරු නිරයේ දමනවා" කියලා ඔහුට තර්ජනය කළා. නමුත් ඔහු ඒ සියලු අභියෝග මැද පියුම් කෙමියක් මැද සිට දානෙ දුන්නා. ඒක නොවැ ආශ්චර්යය"

එතකොට අනේපිඬු සිටුතුමා ඒ යටගිය අතීතයට අයත් ඒ අසිරිමත් සිදුවීම කියාදෙන්ට කියලා භාග්‍යවතුන් වහන්සේගෙන් ඉල්ලා සිටියා. භාග්‍යවතුන් වහන්සේ මේ ජාතකය වදාළා.

"ගෘහපතිය, ගොඩාක් ඉස්සර කාලේ බරණැස් නුවර බ්‍රහ්මදත්ත නමින් රජ්ජුරු කෙනෙක් රාජ්‍ය කළා. ඒ කාලේ මහ බෝධිසත්වයෝ බරණැස සිටුපවුලේ පුත්‍රයෙක් වෙලා උපන්නා. ඉතාම සුවසේ වැඩුනා. සිය පියාගේ ඇවෑමෙන් සිටු තනතුරු ලැබුනා. බෝසත් සිටුවරයා නගරයෝ දොරටු සතරේ දන්සැල් සතරක් කෙරෙව්වා. නගර මධ්‍යයෙහි එක දන්සැලක් කෙරෙව්වා. තමන්ගේ සිටුමැඳුර ඉදිරියේ තව දන්සැලක් කෙරෙව්වා. මේ විදිහට දන්සැල් හයක් කරවා මහා දන් දෙන්ට පටන් ගත්තා. සිල් ආරක්ෂා කළා.

දවසක් උදෑසන ආහාර වේලාවේ බෝධිසත්වයන්ට නා නා රසයෙන් යුක්ත මධුර රසැති බොජුනක් රැගෙන ආවා. ඒ අවස්ථාවේ සත් දවසක් නිරෝධ සමාපත්තියෙන් සිටි එක්තරා පසේ බුදුවරයන් වහන්සේ නමක් බරණැස් සිටුතුමාගේ සිටු මාළිගය ඉදිරියට වැඩම කළා. බෝධිසත්වයෝ උන්වහන්සේව දැකලා ආසනයෙන් නැගිට ආදර ගෞරව දක්වා දාසයා දෙස බැලුවා. 'ස්වාමී... මොකක්ද කරන්ට ඕනෑ?' "අපේ ආර්යයන් වහන්සේගේ පාත්‍රය අරගෙන එන්ට" එකෙණෙහි ම පවිටු මාරයා මෙහෙම කල්පනා කළා. "අයියෝ.... මේ පසේබුදුවරයාට සත් දවසකට පස්සේ ආහාරයක් ලැබෙන්ටයි යන්නේ. නොලැබුනොත් මොහු නැසී යනවා. ඒ නිසා මොහු විනාස කරන්ට ම යි ඕනෑ. මේ සිටුවරයා දානෙ දීම වළක්වන්ට ඕනෑ" කියලා පසේබුදුනුත් සිටුමැඳුරත් අතර අසූ රියනක් ගැඹුරැති මහා බිහිසුණු අඟුරු වලක් මැව්වා. අවීචි මහා නිරය වගේ උඩට ගිනි දැල් විහිදෙමින් තද රතු පාට කිහිර අඟුරු පෙනෙන්ට වුනා. පාත්‍රය පූජා කරන්ට ගිය පුරුෂයා එය දැක මහත් භයකට පත්වුනා. හැරිලා දුවගෙන ආවා.

"ඇයි දරුව මොකෝ නැවතුනේ?" "අනේ ස්වාමී... මේ බලන්ට... මහා භයානක ගිනි අඟුරු වලක් මැවිලා. එතැනට එන එන හැමෝම භය වෙලා පලා ගියා. එතකොට බෝධිසත්වයෝ මෙහෙම හිතුවා. "එකත්එකට ම මේක නම් මාරයාගේ වැඩක් වෙන්ට ඕනෑ. මාගේ දානය වළක්වන්ටයි මේක කරන්ට ඇත්තේ. මාරයන් සියයක් ආවත් දහසක් ආවත් මාව කම්පා කරවන්ට බැරිබව දන්නෙ නැතිව ඇති. මාරයාගේ ආනුභාවය ද මගේ ආනුභාවය ද මහත් කියලා අද බලාගම්මු" දානෙ පුරවාගත් පාත්‍රය තමන්ම අතට ගත්තා. ගෙයින් එළියට ඇවිත් ගිනි අඟුරු ඉවුරට ආවා. අහස බැලුවා. අහසේ කවුදෝ ඉන්නවා දැක්කා. 'කව්ද ඔබ?' 'හහ් හා.... මමයි මාරයා. තොපගේ දානය වළක්වන්ටයි, පසේබුදුන් ගේ ජීවිතය නසන්ටයි මං ආවේ'

"මාරය... තොපට මගේ දානය වළක්වන්ට දෙන්නේ නෑ. පසේ බුදුන් ගේ ජීවිතයට අනතුරක් කරන්ට දෙන්නෙත් නෑ" කියලා ගිනි අඟුරු ඉවුරේ සිට මෙහෙම කිව්වා. "ස්වාමීනී, උතුම් පසේබුදුවරයන් වහන්ස, මං මේ ගිනි අඟුරු වලට උඩුකුරුව වැටුනත් කමක් නෑ. මං මේ පූජා කරන දානය පිළිගන්නා සේක්වා!" කියලා මේ ගාථාව පැවසුවා.

"ඒකාන්තයෙන් මේ ගිනි අඟුරු නිරයට
වැටුනත් මා උඩුකුරු අතට
දානය නොලැබෙන්ට ඉඩ නොතියම්
පිළිගනු මැන මගේ දානය"

කියලා බෝධිසත්වයෝ දැඩි අධිෂ්ඨානයකින් යුක්තව දානෙ පාත්‍රය අතට ගෙන ගිනි අඟුරු වල

මතට පැන්නා. එසැණින් අසූරියන් ගැඹුරු ඒ නිරා වලෙන් මහා පියුමක් උඩට මතුවෙලා බෝධිසත්වයන්ගේ දෙපා පිළිගත්තා. ඒ මහා පියුමින් මල් රේණු මතුවෙලා බෝසතුන්ගේ සිරුරු ප්‍රමාණයට උඩට ඇවිත් මුදුන් රැකවල් දුන්නා. ඒ පියුම් කෙමිය මත සිට පසේබුදුන් අතට පාත්‍රය පූජා කළා. පසේබුදුවරයන් වහන්සේ පාත්‍රය අහසට දමා මහජනයා බලා සිටියදීම වළාගැබ මැදින් හිමව් පියසට වැඩියා. මාරයා දොම්නසට පත්ව නොපෙනී ගියා.

ගෘහපතිය, එදා මාර බලය මැඩගෙන පියුම් කෙමිය මත සිට ගෙන පසේ බුදුවරයන් වහන්සේට පිණ්ඩපාත දානය දුන් බරණැස් සිටුවරයා වෙලා සිටියේ මම යි" කියා මේ ජාතකය වදාළා.

සිව්වැනි කුලාවක වර්ගය නිමා විය.

මහාමේඝ ප්‍රකාශන

- **ත්‍රිපිටක පොත් වහන්සේලා :**

01. **දීඝ නිකාය 1 කොටස**
    (සීලක්ඛන්ධ වර්ගය)
02. **දීඝ නිකාය 2 කොටස**
    (මහා වර්ගය)
03. **දීඝ නිකාය 3 කොටස**
    (පාථික වර්ගය)
04. **මජ්ඣිම නිකාය 1 කොටස**
    (මූල පණ්ණාසකය)
05. **මජ්ඣිම නිකාය 2 කොටස**
    (මජ්ඣිම පණ්ණාසකය)
06. **මජ්ඣිම නිකාය 3 කොටස**
    (උපරි පණ්ණාසකය)
07. **සංයුත්ත නිකාය 1 කොටස**
    (සගාථ වර්ගය)
08. **සංයුත්ත නිකාය 2 කොටස**
    (නිදාන වර්ගය)
09. **සංයුත්ත නිකාය 3 කොටස**
    (ඛන්ධක වර්ගය)
10. **සංයුත්ත නිකාය 4 කොටස**
    (සළායතන වර්ගය)
11. **සංයුත්ත නිකාය 5 කොටස**
    (මහා වර්ගය - 1)
12. **සංයුත්ත නිකාය 5 කොටස**
    (මහා වර්ගය - 2)
13. **අංගුත්තර නිකාය 1 කොටස**
    (ඒකක, දුක, තික නිපාත)
14. **අංගුත්තර නිකාය 2 කොටස**
    (චතුක්ක නිපාත)
15. **අංගුත්තර නිකාය 3 කොටස**
    (පඤ්චක නිපාත)
16. **අංගුත්තර නිකාය 4 කොටස**
    (ඡක්ක, සත්තක නිපාත)
17. **අංගුත්තර නිකාය 5 කොටස**
    (අට්ඨක, නවක නිපාත)
18. **අංගුත්තර නිකාය 6 කොටස**
    (දසක, ඒකාදසක නිපාත)
19. **ඛුද්දක නිකාය 1 කොටස**
    (ඛුද්දකපාඨ පාළි, ධම්මපද පාළි, උදාන පාළි, ඉතිවුත්තක පාළි)
20. **ඛුද්දක නිකාය 2 කොටස**
    (විමාන වත්ථු , ප්‍රේත වත්ථු)

- **ධර්ම දේශනා ග්‍රන්ථ :**

01. කියන්නම් සෙනෙහසින් මිය නොයන් හිස් අතින්
02. තෝරාගනිමු සැබෑ නායකත්වය
03. පැහැදිලි ලෙස පිරිසිදු ලෙස දෙසූ සේක සිරි සදහම්
04. දම් දියෙන් පණ දෙව් විමන් සැප
05. බුදුවරුන්ගේ නගරය
06. සයුර මැද දූපතක් වේ ද ඔබ...?
07. ගිහි ගෙයි ඔබ ඇයි?
08. මෙන්න නියම දේවදූතයා
09. ආදරණීය වදකයා
10. සයුරේ අසිරිය ධර්මයේ
11. විෂ නසන ඔසු
12. සසරක ගමන නවතන නුවණ
13. විස්මිත හෙළිදරව්ව
14. දිළිසෙන සියල්ල රත්තරන් නොවේ
15. අනතුරින් අත්මිදෙන්නට නම්...
16. අතරමං නොවීමට...
17. සුන්දර ගමනක් යමු
18. කවදා නම් අපි නිදහස් වෙමුද?
19. ලෙඩ දුක් වලින් අත්මිදෙමු
20. ලෝකය හැදෙන හැටි
21. යුද්ධයේ සුළමුල
22. රහතන් වහන්සේ මරණින් මතු ඇත නැත
23. නුවණැස පාදන සිරි සදහම්
24. මරණය ඉදිරියේ අසරණ නොවීමට නම්
25. අපේ නව වසර බුද්ධ වර්ෂයයි
26. හේතුවක් නිසා
27. අවබෝධ කළ යුතු ධර්මය මෙයයි
28. සැබෑ බිරිඳ කවුද?
29. පහන් සිළ නිවෙන ලෙස පිරිනිවී වැඩි සේක
30. සසරට බැඳෙමුද සසරින් මිදෙමුද?
31. රහතුන්ගේ ධර්ම සාකච්ඡා
32. සැබෑ දියුණුවේ රන් දොරටුව
33. බලන් පුරවරක අසිරිය
34. මමත් සිත සමාහිත කරමි බුදු සමිඳුනේ...
35. එළිය විහිදෙන නුවණ
36. සැබෑ ශ්‍රාවකයා ඔබද?

37. අසිරිමත් ය ඒ භාග්‍යවතාණෝ...
38. නුවණැත්තෙක් වෙන්නට නම්
39. බුද්ධියේ හිරු කිරණ
40. නිවන්නට භව ගිමන් දෙසූ සදහම් ගිමන්
41. ඒ භාග්‍යවතුන් වහන්සේගේ ශ්‍රාවකයා වෙමි මම
42. සසරක රහස
43. නුවණින් ලොව එළිය කරනා මහා ඉසිවරයාණෝ
44. ස්වර්ණමාලී මහා සෑ වන්දනාව
45. සොඳුරු හුදෙකලාව
46. මග හොඳට තිබේ නම්...
47. මගේ ලොව හිරු මඬල ඔබයි බුදු සමිඳුනේ
48. නුවණැත්තන් හට මෙලොවේ - දකින්ට පුළුවනි සදහම්
49. සිත සනසන අමා දහම්
50. අසිරිමත් සම්බුදු නුවණ
51. ගෞතම සසුනේ පිහිට ලබන්නට...
52. බුදුරජාණන් වහන්සේ කුමක් වදාළ සේක්ද?
53. පින සහ අවබෝධය
54. සැබෑ බසින් මෙම සෙත සැලසේවා !
55. සැපයක්ය එය නුඹට - සැනසෙන්න මෙත් සිතින්
56. අසත්‍යයෙන් සත්‍යයට...
57. කවුරුද ලොව දැකගත්තේ - ඒ සම්බුදු සිරි සදහම්
58. පිරිනිවුණි ඒ රහත් මුනිවරු
59. බාධා ජයගත් මගමයි යහපත්
60. භව පැවැත්මේ සැබෑ ස්වභාවය
61. සුගතියට යන සැලැස්මක්
62. බුදුමුවින් ගලා ආ - මිහිරි දම් අමා දුන්
63. යළි යුගයක් ආවා ලොව සම්බුදු
64. පිනක මහිම
65. බුදු නෙතින් දුටු හෙට දවසේ ලෝකය
66. ජීවිතය දකින කැඩපත ධර්මයයි
67. අකාලික මුනි දහම
68. නිවී පහන් වී සිත් සැනසේවා
69. සුසුමක විමසුම නිවනක ඇරඹුම
70. පිනෙන් පිරුණු සොඳුරු ජීවිතයක්
71. අසිරිමත් දම් රස අමාවන්
72. ලොව දමනය කළ මුනිඳාණෝ
73. නැසෙන වැනසෙන පිනිබිඳුව
74. ගෞතම මුනිඳු මගෙ හිරු සඳු වන සේක
75. දහම් ඇස පහළ විය
76. ශ්‍රේෂ්ඨත්වය සොයා යාම
77. ලෝකයෙන් නිදහස් වීම
78. නුවණැත්තා සිත ඍජු කරයි
79. සිත සනසන බුදුබණ වැටහේවා!

• සදහම් ග්‍රන්ථ :

01. පිරුවානා පොත් වහන්සේ
02. ඔබේ සිත සමඟ පිළිසඳරක්
03. සිතට සුවදෙන භාවනා
04. පින් මතුවෙන වන්දනා
05. ශ්‍රී සම්බුද්ධත්ව වන්දනා
06. සිරි ගෞතම බෝධි වන්දනාව
07. අසිරිමත් පසේබුදු පෙළහර
08. අනේ..! අපේ කථාවත් අහන්න...
09. ධාතුවංශය
10. නුවණැතියන් සද්ධර්මයට පමුණුවන අසිරිමත් පොත් වහන්සේ - නෙත්තිප්පකරණය
11. නුවණ වැඩෙන බෝසත් කථා 1
12. නුවණ වැඩෙන බෝසත් කථා 2
13. මහාවංශය
14. නුවණ වැඩෙන බෝසත් කථා - 3
15. නුවණ වැඩෙන බෝසත් කථා - 4

• අලුත් සදහම් වැඩසටහන :

01. දුක් බිය නැති ජීවිතයක්
02. දස තථාගත බල
03. දෙව්ලොව උපත ඍකවරණයකි
04. නුවණ වැඩීමට පිළියමක්
05. ලොවෙහි එකම සරණ
06. මෙන්න දුකේ රහස
07. නුවණ ලැබීමට මුල් වන දේ
08. නිවැරදි ලෙස දහම දැකීම
09. මොකක්ද මේ ක්ෂණ සම්පත්තිය?
10. පඤ්ච උපාදානස්කන්ධය
11. ප්‍රඥාවමයි උතුම්
12. නුවණින් විමසීම අපතේ නොයයි

• සදහම් සිතුවම් පොත් පෙළ :

01. ඡත්ත මාණවක
02. බාහිය දාරුචීරිය මහරහතන් වහන්සේ
03. පිණ්ඩෝල භාරද්වාජ මහරහතන් වහන්සේ
04. සුමන සාමණේර
05. අම්බපාලී මහරහත් තෙරණියෝ

06. රට්ඨපාල මහරහතන් වහන්සේ
07. සක්කාර නුවර මසුරු කෝසිය
08. කිසාගෝතමී
09. උරුවේල කාශ්‍යප මහරහතන් වහන්සේ
10. සංකිච්ච මහරහතන් වහන්සේ
11. සුප්පබුද්ධ කුෂ්ඨ රෝගියා
12. නිවී ගිය සේක බුද්ධ දිවාකරයාණෝ
13. සුමන මල් වෙළෙන්දා
14. කාලි යක්ෂණිය
15. මුගලන් මහරහතන් වහන්සේ
16. ලාජා දෙවඟන
17. ආයුවඩ්ඪන කුමාරයා
18. සන්තති ඇමති
19. මහධන සිටුපුත්‍රයා
20. අනේපිඬු සිටුතුමා
21. නන්ද මහරහතන් වහන්සේ
22. මණිකාර කුළුපග තිස්ස තෙරණුවෝ
23. විශාඛා මහෝපාසිකාව
24. පතිපූජිකාව
25. සිරිගුත්ත සහ ගරහදින්න
26. මහාකස්සප මහරහතන් වහන්සේ
27. අහෝ දෙව්දත් නොදිටි මොක්පුර
28. භාගිනෙය්‍ය සංඝරක්ඛිත මහරහතන් වහන්සේ
29. උදලු කෙටිය
30. සාමාවතී සහ මාගන්දියා
31. සිරිමා

- **ඉංග්‍රීසි භාෂාවට පරිවර්තනය වී ඇති ධර්ම දේශනා ග්‍රන්ථ :**

01. Mahamevnawa Pali-English Paritta Chanting Book
02. The Wise Shall Realize
03. The life of Buddha for children

- **ඉංග්‍රීසි භාෂාවට පරිවර්තනය වී ඇති සූත්‍ර දේශනා ග්‍රන්ථ :**

01. Stories of Ghosts
02. Stories of Heavenly Mansions
03. Stories of Sakka, Lord of Gods
04. Stories of Brahmas
05. The Voice of Enlightened Monks
06. The Voice of Enlightened Nuns

- **ඉංග්‍රීසි භාෂාවට පරිවර්තනය වී ඇති සදහම් සිතුවම් පොත් :**

01. Chaththa Manawaka
02. The Great Arhant Bahiya Darucheeriya
03. The Great Arhant Pindola Bharadvaja
04. Sumana the Novice monk
05. Stingy Kosiya of Town Sakkara
06. Kisagothami
07. Sumana The Florist
08. Kali She-devil
09. Ayuwaddana Kumaraya
10. The Banker Anathapindika
11. The Great Disciple Visākhā
12. Siriguththa and Garahadinna

ත්‍රිපිටක සදහම් පොත් මැදුර

www.ingramcontent.com/pod-product-compliance
Lightning Source LLC
Chambersburg PA
CBHW060659030426
42337CB00017B/2691
9789556870886